이재명처럼

이재명처럼

초판 1쇄 인쇄 2025년 09월 22일   초판 1쇄 발행 2025년 09월 30일

글 더민주전국혁신회의

펴낸이 이상순   주간 서인찬   영업지원 권은희   제작이사 이상광

펴낸곳 (주)도서출판 아름다운사람들   주소 (10881) 경기도 파주시 회동길 103
대표전화 031-8074-0082   팩스 031-955-1083

이메일 books777@naver.com   홈페이지 www.book114.kr

생각의길은 (주)도서출판 아름다운사람들의 인문 브랜드입니다.
ISBN 978-89-6513-827-3 03300

ⓒ 더민주전국혁신회의

이 도서의 국립중앙도서관 출판예정도서목록(CIP)은 서지정보유통지원시스템(http://seoji.nl.go.kr)과 국가자료종합목록구축시스템(http://kolis-net.nl.go.kr)에서 이용하실 수 있습니다.
 (CIP제어번호 : CIP2020046116)

이재명처럼

글 더민주전국혁신회의

차례

프롤로그 • 7

01 내 약점을 미리 발견해 해결하려면? • 9
이재명 '레드팀'의 실체

02 위기 속 혁신은 어떻게 작동하는가? • 27
성남 모라토리엄 선언과 재정 혁신 드라마

03 리더의 '노동렌즈'가 바꾸는 것들 • 47
일하는 사람을 살피는 리더가 얻는 신뢰

04 해묵은 갈등 현안 해결법 • 69
계곡 정비에 대한 오해와 실제

05 간부회의를 생중계하는 이유 • 89
성과를 높이는 회의 진행법

06 기본소득, 대통령이 할 고민을 왜 시장이 하고 있지? • 107
자연스럽게 인지도와 체급이 높아지는 방법

07 재난에 대처하는 법 • 131
일상의 구체적 현장점검에서 시작하는 위기 대응

08 유능하고 공정한 인사, 방법은 뭘까? • 155
이재명식 '일잘러' 발탁 인사 실제

09	**기후환경과 경제는 어떻게 연결될까?** 미래를 보는 리더의 ESG 기후 대응	• 173
10	**좋은 의사결정을 하려면?** '민주주의가 밥 먹여준다' 국민주권 리더십	• 195
11	**초고령 사회에서 시장, 군수는 무엇을 할 것인가?** 성남의료원부터 메르스, 코로나 대응 공공의료	• 215
12	**조직 내 반발에 부딪혔을 때** 갈등 조정 리더십	• 239
13	**도시개발사업의 인허가권은 어떻게 행사되어야 하는가?** 대장동과 엘시티	• 269
14	**이재명 정책 성과 Before & After** 성남시장 시절 경기도지사 시절 당대표 시절	• 291

에필로그 • 344

부록 정책 리스트 • 349

프롤로그

　이 책은 이재명에 대한 평전도 위인전도 아니다. 굳이 성격을 분류하자면 수학의 정석이랄까, 우선 누구나 접하지만 쉽게 풀기 힘든 '문제'를 제시한다. 그리고 그 문제에 관한 이재명의 풀이 방식 '유제'를 제시한다. 답을 내는 과정을 최대한 상세하게 제시한다. 그리고 마지막으로 '심화문제'를 제시해, 나라면 어떻게 풀 건지에 대한 토론 과제를 제시한다. 철저히 이재명이라는 효용감 높은 존재를 '도구'로 활용했다. 이 책이 여의도나 도청, 시청, 군청에서 정치 혁신, 지방자치 혁신을 꿈꾸는 사람들뿐 아니라 사무실에서 회의장에서 전철 안에서 혁신과 성장의 리더십을 갈망하는 많은 이들에게 실질적인 도움이 되었으면 좋겠다.

ⓒ 대한민국 대통령실

내 약점을 미리 발견해 해결하려면?

ⓒ 대한민국 대통령실

이재명 '레드팀'의 실체

　단숨에 급전직하, 형세가 뒤바뀌는 일이 곳곳에서 일어나는 요즘이다. 수십 년 노력 끝에 잘 나가던 정치인이 말 한마디로 나락으로 떨어지는 것은 다반사이고 글로벌 기업들의 운명도 다르지 않다. 2014년까지만 해도 '정직한 연비 1위'라는 명성으로 신뢰받고 있던 폭스바겐은 2015년 배출 가스양 부정조작 사건 이후 나락으로 떨어졌다. 신용등급은 하락했고 시가총액은 2015년 고점 대비 약 80조 원이 증발했다. 최고경영자가 사퇴했고 전 세계에서 벌금 부과 및 소송이 이어졌다. 수십 년간 쌓아올린 신뢰가 한순간에 무너져 내린 것이다. 어떻게 해야 할까?

혹시 '레드팀'이라는 말을 들어본 적 있는가? 레드팀(Red Team)은 군사 작전이나 기업 경영에서 사용하는 개념으로, 자신들의 전략이나 계획에 대해 의도적으로 반대하고 약점을 찾아내는 역할을 하는 가상의 팀을 뜻한다. 가상의 공격을 통해 조직 내부의 자만이나 편향된 시각을 방지하고 최악의 시나리오를 대비해 문제를 미리 발견하고 해결하는 데 큰 역할을 한다. 이런 레드팀을 잘 활용한 게 미국의 CIA이다. 이들은 9·11 테러를 당한 다음 날 자체적으로 '레드 셀'이라는 팀을 가동해 오사마 빈 라덴의 입장에서 미국의 방어막을 뚫는 전략을 짜내고 이를 방어 및 빈 라덴 추적에 활용했다. 결국 2011년 빈 라덴의 은신처를 발견하는 데에도 이 팀이 큰 역할을 했다고 평가된다.

여기까지는 익히 알려진 사실이다. 그런데, 정치인 이재명이 '레드팀'을 가동했다는 말을 들어본 적 있는가? 지난 2024년 11월 11일 당대표 특보단 임명장 수여식 현장에서는 이런 말이 오갔다.

안규백 총괄특보단장 특보단은 대표를 보좌하고 당의 미래 가치를 보강하고, 때로는 쓴소리도 마다하지 않는 '레드팀'이 될 것입니다.

이재명 대표 (레드팀을) 당의 공식 조직으로 만드는 것을 고려해 봤는데 잘 안 어울리는 것 같아요. 특보단이 그 역할을 첫 번째 책임으로 해주세요.

(연합뉴스, 2024.11.11)

사실 이재명은 인력도 없고 예산도 없던 오래전부터 '레드팀'을 가동해 왔다. 어떻게? 그가 사용한 방법은 이 글을 읽고 있는 우리도 당장 할 수 있는 방법이다. 바로, 댓글을 빠짐없이 읽어 내려가는 습관이다. 칭찬하는 댓글뿐 아니라 쓴소리 댓글까지, 되도록 모든 댓글을 열심히…. 이를 통해 이재명은 상대방 처지에서 나올 수 있는 비판의 지점을 파악했을 뿐 아니라, 자신을 둘러싼 고위 공직자들에게 들어볼 수 없는, 날 것의 아이디어와 신선한 현실 감각을 배워왔다.

"고위 공무원이 되면 제일 뛰어난 사람인 게 맞아요. 제일 많이 알아요. 그런데, 옛날 거를 많이 아는 거예요. 최신 트렌드를 몰라. 가장 최근의 상황을 가장 많이 아는 사람은 말단이에요. 그런데 이게 조화가 잘 안되면 소위 관료제 폐해가 발생하는 거죠. 꼰대가 되는 겁니다. 꼰대, 분명히 제일 많이 알고 있는 사람 맞아요. 제일 유능한 거 맞아요. 왜냐하면 경험도 많으니까. 문제는 그게 다 '과거'라는 거죠. 지금 현재 또는 예측해야 될 미래에 관한 지식과 현실 감각, 이런 거는 위로 올라갈수록 잘 몰라요. 그래서 저는 이런 함정에 빠지지 않으려고 (남들이 들으면 안 되는데) 제가 댓글 열심히 읽어봅니다. 거기에 아이디어 반짝 반짝이는 거 많아요."

(이재명 대통령, 고위공직자특강, 2025.7.31)

그는 2010년 성남시장에 당선된 직후부터 '레드팀'을 가동했다. 시청 9층에 있던 시장실을 2층으로 옮겨 민원인의 접근이 용이한 '열린 시장실'로 만들었다. 이재명에게 레드팀은 국민이었으니까.

"당시 성남 시장실이 건물 9층 구석에 (일명) 아방궁이라고,

(시장) 전용 엘리베이터를 통해 올라가서 숨어 있었어요. 그런데 시장이 그런 데 숨어 있으면… 저는 제가 불편해서 못 살겠더라고요. 그래서 1층 현관 옆, 2층에 아무나 막 (들어) 올 수 있는 자리에 시장실을 만들어서 '열린 시장실'을 만들었습니다."

(이재명, 포항 유세, 2025.5.13)

호화롭게 지어진 넓은 평수의 9층 시장실은 도서관으로 개조해 시민들에게 개방했다. 대신 2층의 작은 도서관을 '열린 시장실'로 만들어 시장이 직접 일을 봤다. 어떻게 됐을까, 가장 안절부절못한 사람은 경찰서장이었다.

"경찰서장이 저한테 찾아와서 '시장님 이리로 옮기시면 큰일 납니다. 저 직위해제 됩니다. 잘립니다' 그래서 '왜요?' 그랬더니 시장실이 점거를 당하면 당시에는 관할 경찰서장이 직위해제 당하기로 되어 있었다고 합니다. 그런데 (시장실이) 2층에 있으면 마구 점거할 것 아니냐, 지금 봐라. 지금 시장 만나겠다고 맨날 '누가 먼저 데모할 것'인지 뽑기 추첨하고 있다. 실제로 그랬거든요. 집회 신고하려고 경찰서에 줄 서 가지고 심지

뽑기 하고 있어요. 2시부터 4시는 누구, 4시부터 6시까지 누구, 11시부터 1시까지는 누구 이거 하고 있어요. 너무 집회가 많으니까 못 살겠다고 그래요. 민원이 얼마나 많은지…."

(이재명, 포항 유세, 2025.5.13)

근심·걱정에 쌓인 경찰서장에게 이재명은 '걱정하지 말라'며 '절대로 점거당하지 않는 방법이 있다'라고 안심시켰다. 그 방법은 뭐였을까? 시장실 열쇠까지 시민들에게 넘겨주고 시간 날 때마다 그 안에서 토론을 벌이는 방법이었다.

"어떻게 점거를 안 당하냐고 하길래, (제가) 사람들이 오면 열쇠 주고 그냥 (그 안에) 계시라고 하면 점거 아니지 않냐고 했어요. 내가 절대 점거 안 당할 테니까 걱정하지 말라고 약속을 했어요. 당연히 제가 취임하고 나니 1층에 떼로 몰려올 것 아닙니까? 수시로 제가 문을 열어놓고 '아무나 와서 인증샷 찍으세요.' 해서 성남 시장실 와서 인증샷 찍고 가신 분 많지요. 이 중에 내 책상에 앉아 가지고 다리 올리고 사진 찍은 학원 강사가 있었는데, 그 사람이 조폭이라고 어디 언론에서 막 보도한 것이 이재명 조폭설의 증거 아닙니까? 그것이 알고 보니까, 학원 선생이었어요. 하여튼 그렇게 열어놓으니 막 쳐들어왔죠. 첫 번째 팀이 밀고 들어왔어요. 막 와서 자기들 집에 안 가겠대요. 그래서 제가 6시에 퇴근하면서 열쇠를 주면서 '혹시 가시면 문은 꼭 잠그고 가세요' 그렇게 맡기고 제가 '일체 관여하지 말고 다 퇴근해라' 공무원들도 '뭐 훔쳐갈 것도 없고 CCTV 다 있는데 뭔 상관이 있냐' 하고 좀 미안하지만 두고 갔어요. 밤 10시 되니까 집에 가셨더군요. 그리고 제가 다음에 또 오라고 해서 그분들하고 몇 시간을 이야기했어요."

(이재명, 포항 유세, 2025.5.13)

그렇게 하루 평균 2~3시간씩 시민들과 토론을 벌였다. 그냥 이야기만 들어주는 게 아니었다. 관계 공직자들을 불러놓고 이거 묻고 저거 묻고, '되냐' '안 되냐'에 대한 검토를 받도록 했다. 그 결과 민원의 대부분은 실현 불가능한 요구였다. 그런데 개중에 되는 것이 있었다. 하면 되는 건데 안 하고 있는 것이 있었다.

"대부분은 안 되는 것이에요. 그런데 그중에 되는 것이 있어요. 되는 건 되는 대로 처리해 드리고 안 되는 건 '이래서 안 됩니다' (라고 답을 해요. 그래도) 된다고 우겨요. 그러면 변호사 법률가들한테 물어봐서 '진짜 되면 해 드릴 테니까 다시 오세요…' 결국 다 이렇게 대화하고 나서 나중에 대부분은 저한테 고맙다고 박수 치고 갔어요."

(이재명, 포항 유세, 2025.5.13)

그렇게 시장실 개방 수개월 만에 시청사가 조용해졌다. 점거도 난입도 거의 없었다. 그러자 이재명은 레드팀 2단계 프로젝트를 가동했다. 그것은 온라인 공간의 활용이었다.

"왜 쳐들어오냐, 그냥 메일로 써라. 제가 그랬어요. 100명이 꽹과리를 치면서 쳐들어오는 거나 한 명이 메일로 쓰는 거나 똑같이 취급한다. 제가 실제로 똑같이 취급했어요. 메일로 들어오는 것도 다 제가 검토해 가지고 관계 부서에 다 주고 다 검토해서 보고받았어요. 대개 그 사람들의 입장은 그런 것입니다. 안 되면 안 된다고 이야기를 해주지, 이 정치한다는 인간들이 될 것처럼 이야기하는 바람에 조금만 밀면 될 것처럼 '검토해 봅시다' '적극 검토할게요' '함께 노력합시다' 해서 자기가 되는 줄 알고 속아서 몇 년 동안 머리띠 매고, 회사 휴가 내고 몰려다녔다는 것이에요. 그래서 그 민원들은 다 사라지고, 시청 2층에 우리가 들어와서 '인증샷 찍으세요' 안내문 붙여놓아도 아무 문제 없이 8년을 재임했습니다. 이야기를 들으면 되죠."

(이재명, 포항 유세, 2025.5.13)

충분히 경청하되, '듣는 시늉'만 하는 게 아니라 진짜 해법을 빠르게 모색해가는 이재명식 민원 처리 방식은 이후 성남시민들의 높은 시정만족도로 나타났다. 지난 2017년 9월 성남시가 여론조사기관인 ㈜서던포스트에 의뢰해 시민 3,018명을 대상으로 한 '성남시정만족도' 조사에서 성남시의 종합 만족도는 80.6%였다. 가장 만족도 높은 항목은 민원행정 서비스 분야로 88.7%가 만족한다고 답했다.

"성남시민들의 올해 시정만족도가 역대 최고치를 경신했

다. 성남시의 시정만족도가 80.6%를 기록하며 시민 5명 중 4명 이상이 만족하는 것으로 나타났다. (중략) 세부 분야별 만족도 조사에서는 민원행정 서비스 분야(88.7%)에 대한 만족도가 가장 높게 조사됐다. 시민들은 시민들의 참여기회 확대 및 공무원의 신속한 업무처리에 만족한다고 답했다."

(오마이뉴스, 2017.9.26)

경기도지사가 된 이재명은 이후 '레드팀' 가동을 보다 정교하게 제도화시켜 나갔다. 민원이 들어오면 부서 간에 책임을 떠넘기는 '민원 핑퐁'을 막아 민원인의 불편을 해소하고 행정의 효율성을 높이기 위해 민원조정관 제도를 도입하고 민원창구를 통합했다.

대선 후보 시절 그는 첫 일정으로 이른바 험지, 그와 민주당에 대한 지지도가 현격히 낮은 열세 지역부터 직접 찾아가 쓴소리도 마다치 않고 경청하는 쓴소리 경청 투어를 진행했다. 그는 '질책도 달게 받겠다'라고 밝히며 소외된 지역과 청년들의 목소리를 직접 들었다. 대통령 당선 직후에는 기자들의 질의응답 장면까지 생중계하는 '브리핑룸 생중계' 방식을

© 대한민국 대통령실

도입했다. 정부 정책이 어떻게 전달되고 비판되는지 투명하게 공개함으로써, 숨기거나 왜곡하려는 시도를 막고 언론과 국민의 비판을 정책에 반영하려는 의지를 보여준 사례였다.

이처럼 이재명의 레드팀 운영에는 성남시장 시절부터 대통령 당선 직후까지 방식은 다양하지만 일관되게 관통하는 철학이 있다. 바로 국민의 쓴소리야말로 정책의 문제점을 짚어주는 중요한 자산이며, 민원 해결 과정에서 실행력 높은 정책이 나올 수 있다는 믿음이다.

최욱   쓴소리하는 사람들은 없죠? 쓴소리 솔직히 들으면 기분 나쁘시죠?

이재명   아닌데요.

최욱   에이~

이재명   실제로 예를 들면 이제 위치 역할이 좀 바뀌고 커지면 말들을 잘 안 하는 경향이 있어요. (그런데) 저는 권장해요. 왜냐하면 상당히 위험한 지경에 빠질 수 있기 때문에.

최욱   내가 아픈 이야기를 듣는 경우도 있습니까?

이재명 많이 듣죠. 최근에 글로벌 기업들도 보면 레드팀을 일부러 만들어요. 그게 없으면 위험에 빠지니까….

최욱 그렇습니다.

이재명 실제로 제가 제일 우려되는 점들이 그런 거예요. 말하지 않는 게 제일 위험한데, 특히 권한이 생기면 정말로 주변이 입을 닫기 시작해요. 그런데 그건 거의 인간의 본성에 가까운데 그걸 어떻게든지 하게 만드는 게 진짜 중요한 거죠.

최욱 아! 편하게 비판하겠습니다.

(이재명, 매불쇼, 2025.3.5)

이재명은 다양한 방식의 레드팀 운영을 통해 크게 3가지 면에서 긍정적인 결과를 얻었다. 우선 정책 완성도가 높아졌다. 다양한 비판을 수용함으로써 정책의 허점을 보완하고, 예상치 못한 부작용을 미리 제거하여 정책의 완성도를 높일 수 있었다. 다음으로 높은 정책 실행력이다. 현실적인 민원과 비판을 바탕으로 정책을 수립했기 때문에, 현장 실행력이 높아지는 결과를 낳았다. 그리고 소통과 신뢰를 증진시켰다. 비판을 피하지 않고 직접 마주하는 모습은 유권자들에게 진정성과 신뢰를 주었고, 이는 그의 정치적 지지 기반을 확장하는 데 기여했다.

확인문제

이재명이 운영한 '레드팀'의 실체는? ○○이다.

심화문제

최근에 채용된 MZ 세대 공무원일수록 전화공포증, 특히 민원인 상대를 두려워하는 '민원포비아'까지 있다고 합니다. 당신이 조직의 리더라면 이런 직원들에게 어떻게 민원인을 상대하라고 하시겠습니까?

_ 인용자료

- 이재명 대통령 "젊은 감각 잃지 않으려 현장과 소통… 댓글·메시지 다 본다" (춘천MBC뉴스, 2025. 7. 31, https://youtu.be/2pV1efM2rFM?si=7zur6TSDuS42qY2g)
- 이재명 대통령 선거 후보, 경북 포항시 유세 전문 (더불어민주당, 2025. 5. 13) https://theminjoo.kr/main/sub/news/view.php?brd=230&post=1211297
- 김은정, 편향을 저격하는 '레드팀(Red Team)' (LG경영연구원, 2016. 1. 5)
- 박경준, 안정훈, 이재명, 특보단에 임명장 수여… 안규백 "레드팀 될 것" (연합뉴스, 2024. 11. 11)
- 이재명 당대표 인터뷰 (매불쇼, 2025. 3. 5)

나의 생각

나의 질문

위기 속 혁신은 어떻게 작동하는가?

성남 모라토리엄 선언과
재정 혁신 드라마

　당신이 조직의 최고 책임자가 되었을 때, 그래서 조직의 내밀한 속사정을 파악하며 금고를 열어봤을 때 금고가 텅텅 비어 있다면? 밖으로 공개된 공식 부채 말고 비공식 부채가 말이다. 빚이 한 2천억 원 정도 있겠지 싶었는데 실제로 6천억 원이 넘게 쌓여있고 채무상환 스케줄도 정신없이 예정되어 있다면 이를 어떻게 해야 할까. 당신이 조직의 미래를 위해 새롭게 벌여야 할 일도 많은데 신규 예산 편성은커녕 기존 예산 집행조차 장담할 수 없다. 예산 구조조정을 해야 하는데, 기존에 혜택받던 사람들이 가만있겠는가. 왜 줄이냐며 욕은 욕대로 먹을 테고, 임기 내내 전임자들이 펑펑 써대면서 눈덩이처럼 불어난 빚을 갚는 데만 몰입해야 하는 그런 상황… 금고가 비어 있음을 알리자니 조직의 신뢰도는 바닥으로 떨어질 테고 이 지경이 되도록 살림을 엉망으로 해온 그 많은 내외부의 사람들이 적으로 돌아서게 되는 그런 상황에서, 당신은 과연 이 문제를 어떻게 풀겠는가?

대개는 쉬쉬하고 전전긍긍하며 '허리띠 졸라매기'만 강조하게 되는데, 이재명은 이렇게 풀어나갔다. 우선 상황을 있는 그대로 공개했다. 사람들에게 '지금, 이 상황에서는 아무것도 할 수 없음'을 공지했다. 이게 2010년 7월을 뒤흔든 일명 성남 모라토리엄(지급유예) 선언이다.

"경기도 성남시가 판교특별회계에서 빌려 쓴 돈 5천 200억 원을 단기간에 갚을 수 없다며, 지방자치단체 가운데 처음으로 지급유예를 선언했습니다. 이재명 성남시장은 오늘 기자회견을 열고 판교특별회계에서 빌려 쓴 돈 5천 200억 원을 빠르면 이달 안에 LH와 국토해양부 등에 지급해야 하지만, 지금 성남시 재정으로는 이 돈을 단기간에 갚을 능력이 안 돼, 기업의 부도와 비슷한 지급유예를 선언한다고 밝혔습니다."

(KBS, 2010.7.12)

이날은 그가 성남시장에 취임한 지 12일째 되는 날이었다. 7월 1일 취임식을 한 초선 시장이 12일 뒤 곧바로 '모라토리엄'을 선언하다니… 더구나 천당 밑에 분당이라는 분당신도시를 지닌 부자 도시 성남이 돈이 없어 빚을 못 갚는다고? 곳곳에서 '성남시가 베네수엘라로 가고 있다' '도덕적 해이' '지방 파산 도미노' 등의 역풍이 불었다. 당시 성남시 의회 다수당인 한나라당 의원들은 성남시는 충분히 빚을 갚을 능력도, 계획도 있는데 시장이 문제를 부풀려서 거지 도시를 만들었다며 반발했다.

"성남시 재정의 파탄을 가져올 경우라면 저희가 전용을 못하게 해야 되겠죠. 그런데 상환계획이 있었기 때문에 저희는 그 상환계획대로 갈 것이다."

(강한구 성남시의회 예산결산위원회 위원장, MBC PD수첩, 2010.7.20)

그런 반발에 대해 이재명은 일단 사실이 아닌 부분에 대해서는 사실로 맞섰다.

"그 계획이 그러니까요. 올해 1,000억, 내년에 2,000억을 갚는데요. 3,000억도 부족해서 천몇백억씩 계속 갖다 썼는데 갑자기 임기 끝남과 동시에 1,000억, 2,000억을 갚고… 1,000억만으로 살 수 있습니까? 또 그걸 계획이라고 믿고 돈을 인출해 사용하도록 방치합니까, 그걸 계획이라고 승인한 거예요?"

(이재명, MBC PD수첩, 2010.7.20)

한편으로는 '예산 구조조정'에 들어갔다. 4년 내내 전임자들이 펑펑 쓰며 진 빚 갚느라 아무것도 못 할 상황 속에서 시민들에게 '왜 시 예산의 구조조정이 필요한지'를 효과적으로 알리고 공감을 얻기 위해 '모라토리엄'이라는 극약처방 승부수를 던진 셈이다.

"(당시) 성남시에 가면 '황금 도로'라는 것이 있어요. 황금이 쫙 깔린 그런 도로가 아니고 약 1.5km의 도로 확장하는데 3천3백억 원 가까이 들었어요. 제가 취임할 당시 보니까 거기다

400억 더 쓰게 되어 있더라고요. 동결시켰습니다. 현재 투입된 예산으로 정리한다… 성남시 1년 예산이 2,000억 정돈데 그 도로 확장 사업에만 3,400억 원을 썼다고 합니다. 그리고 조그만 동네 주거환경개선사업이라고 했는데 거기에는 6,270억 원이 들었습니다. 차라리 집을 다 사버리든지, 집집마다 1억씩 나누어 줘도 남았어요. 그것만 해도 1조 원이 넘어요. 여기에 성남시청사를 지었는데 거기에 3,400억 원… 그런 거 하느라고 빚을 6천5백억 원 넘게 남겨놨어요. 이걸 갚든지 원상복구해놔야 하잖아요. 도저히 한꺼번에는 불가능하니, 연차적으로, 순차적으로 갚겠다고 해서 제가 '모라토리엄'이라고 했죠. 과도한 표현이었다는 지적도 있습니다. 법률상 모라토리엄은 아니었으니까, 상징적으로 단행했죠. 그런데 똑같은 살림으로 그 빚을 4,889억을 갚았죠."

(이재명, tvN 어쩌다어른, 2017.12.7)

'모라토리엄' 선언 자체가 과한 거 아니냐는 논란이 있는 게 사실이다. 핵심은, 그가 선언 이후 본격적으로 돌입한 '예산의 구조조정'이 임기 내내 치밀하고 끈질기게 진행되어 곳곳에서 피부로 와닿는 성공을 거뒀다는 점에 있다. 그는 연말이면 정기 행사처럼 이뤄지던 보도블록 교체 공사도 재활용을 원칙으로 삼아 최소 비용만으로 처리하게 했고 단돈 백만 원이 들어가는 예산 집행도 시장 결재 없이 하지 못하도록 했다. 블록 몇 개 깨진 것을 전부 새것으로 교체하는 예산 낭비는 막아야 했다. 이런 식으로 곳곳의 예산 쓰임을 관찰했다.

"성남시의 가로등 유지보수 예산만 3백몇십억입니다. 제가 어느 날 가로등 담당하는 과장들 다 불러 모아 가지고, 가로등 보수 같은 경직성 경비는 깎을 수가 없는 거잖아요. 상식적으로 보면, (그런데) 제가 조금 이상해서 25%를 일률적으로 싹 삭감했어요. 그냥 견뎌봐라. 견뎌보고 도저히 부족하면 가을에 추경 편성해 줄 테니까, 그때 신청하세요. 대신에 잘 관리를 해주세요… 370억에 25%를 깎았으니까 한 70~80억 되지요. 그런데 말입니다. 희한한 일이 벌어졌어요. 성남시 가로등들이 이재명 시장이 무서워 가지고 고장이 안 나는 것이에요. (웃음) 25% 깎았는데도 아무 문제가 없어요. 그래서 그냥 그다음부터는 계속 깎인 그 예산의 물가 상승률 정도를 더해서 계속 지금도 그 기반으로 하고 있을 것입니다."

(이재명, 포항 유세, 2025.5.13)

지방자치단체는 빚을 갚기 위해 증세를 할 권한이 없다. 세금을 늘릴 권한은 없고 오로지 정해진 세원 내에서 지출을 조정할 권한만 있다. 그래서 이재명이 택한 방법은 긴축재정 및 예산 절감책으로 토목 예산과 낭비되는 예산을 줄이고, 당장 급하지 않은 예산이나 행사성 경비를 대폭 삭감했다. 그 방식이 집요할 만큼 구체적이었다. 악마는 디테일에 숨어있다고, 큰 빚을 갚는데 큰 비용만 줄이는 데 주목한 게 아니라 줄줄 새고 있는 작은 비용의 가성비를 높이는 데에도 집요할 만큼 철저하게 따졌다.

"도로를 지나가다 보면 도로를 팠다가 다시 복구할 때 평평하게 똑바로 해놔야 (차가) 덜커덕거리지 않잖아요. 근데 대충 해놓으면 그게 차가 지나갈 때마다 덜커덕덜커덕한단 말이에요. 짜증 나죠. 그런데 업자는 그걸 엉터리로 복구를 하면서 몇만 원 아꼈겠죠. 대충 해서 몇만 원을 아꼈겠지만, 그것 때

ⓒ 대한민국 대통령실

문에 그 도로를 지나는 하루에도 몇만 대의 차들이 덜커덕덜커덕 오늘도 덜커덕, 내일도 덜커덕, 1년 365일, 몇 년 계속 덜커덕덜커덕 이렇게 된단 말이에요. 그거 얼마나 짜증 나요? 차다 망가지잖아요. 그래서 제가 그거 지금부터 다 찾아 가지고 보수 업체를 찾아서 다시 시켜라. 그래서 성남 시내에 있는 모든 도로 공공시설 하자 있는 걸 업자 다 불러 가지고 다시 공사를 시켰어요. 엉터리로 하는 업체는 다음부터 공사 수주에서 배제하고 그뿐만 아니라 전국의 시·군에다가 사발통문을 보내서 이 업체는 이렇게 엉터리를 해 가지고 우리가 계약에서 배제했다고 다 알린다… 이래 놨더니 (그게) 알려지니까 (업자들이) 잘못하면 손해를 보잖아요. 그래서 그다음부터는 그런 불평불만이 없었어요. 왜냐하면 그 몇만 원 아끼려다가 몇백만 원, 몇천만 원 날리는 수가 있거든요. 성남에서는 업자들이 그랬을 겁니다. '야, 성남 가서는 절대 그러면 안 된다. 손해 보고 망한다.' 이렇게 하니까 전부 다 원칙대로 하는 거죠. 다 시설 기준 맞추고, 복구 제대로 하고, 관리도 제대로 하고, 수해도 거의 없어졌습니다."

(이재명, 안산 유세, 2025.5.24)

이렇게 지출을 관리하면서 한편으로 벌인 것이 세수 증대였다. 세금을 늘릴 수는 없지만, 세금을 내지 않는 사람들에게 세금만 제대로 걷어도 그 돈이 엄청났다. 이재명은 그동안 성남시가 손 놓고 있던 세금 체납 문제를 해결하기 위해 전담팀을 꾸렸다. 체납 정리를 위하여 징수과를 신설했고 전국 최초로, 일반시민으로 구성된 체납 실태조사반 등 혁신적인 징수 시스템을 도입하고 운영했다. 체납 실태조사 반원들이 생계형 소액 체납자 10만여 명의 집을 전부 찾아가 생활 실태를 파악하고 형편에 맞도록 분납을 유도하며 복지 정보를 제공했다. 의도적인 고액 체납자들은 명단을 공개하고 압류 절차도 밟았다. 이재명에게 세금 체납은 정의사회 구현 문제이기도 했다.

"시민들이 세금 내지 않고 있는 거, 제가 취임할 당시 해보니까, 무려 17만 명이 약 3천억가량의 세금을 안 내고 있더라고요. 물론 이게 막 십수 년간 쌓인 거예요. 세무공무원이 없어요. 그냥 독촉장을 보내고 안 내면 그만이야. 이런 것도 150명 정도 고용해서 전수조사를, 집집마다 다 찾아다녀. 5천 원 안 낸 사람도 '왜 안내셨습니까?' 물어보고 내면 받고, '진짜 돈이 없습니다' 들여다보니까 진짜 돈이 없어요. 그러면 결손 처리. 들여다보니까 '잘 살아요' 그럼 바로 가택 수색조 투입, 딱지 붙이고 압류하고, 이게 조세 정의죠. 누구는 세금을 내는데 누구는 내야 될 거 안 내고 부당하게 이익 보고, 무임승차 하면 되겠습니까, 이건 정의의 문제 아니에요?"

(이재명, tvN 어쩌다어른, 2017.12.7)

그 결과 2015년 2,145억 원에 달하던 성남시의 세금 체납액은 2017년 말 846억 원으로 줄었다. 3년 만에 1,299억 원의 체납액이 줄어든 거다. 그렇게 세수를 늘리며 모든 과정을 시민들에게 투명하게 공개했다. 시민들을 예산 편성 과정부터 적극적으로 참여시켰다. 그 결과 시민들의 체감도가 높은 복지 정책들이 자연스럽게 성남시 예산의 주요 항목으로 떠올랐다. 하지만 빚을 갚아나가는 상황에서 어떻게 복지 재원을 마련할 수 있었을까? 해답은 또 있었다. 예정된 공공기관 이전이나 기업 유치, 지역개발에 있어 그 추진 방식을 좀 더 공공성을 높이는 방식으로 바꿔 시의 재정적 이익을 늘리고 그 재원을 복지 재원으로 활용했다. 예를 들어 분당구 정자동 네이버

사옥의 경우 수의계약에서 공개 매각 방식으로 전환해 166억 원의 재정적 이익을 얻었다.

"그동안 성남시는 기민하고 치열한 재정 확보 전술을 펼쳤다. 민간개발을 하려던 대장동 지역개발사업을 시 공공개발로 전환해 5,503억 원을 시민의 이익으로 확보했다. 또 공공기관 이전 부지 일부를 기부채납 받으며 1,300억 원을 얻는 등 기존 정책을 변경하며 모두 7,467억 원의 이익을 얻었다. 여기서 발생한 비용 중 일부로 시는 신흥동 어린이종합지원센터, 태평동 청소년문화의집 등을 건립한다. 또한 한 푼의 세금 투입 없이 오로지 '추가 이익'으로만 본시가지에 '1공단 공원'을 조성한다."

(한성뉴스넷, 2018.2.2)

이렇게 낭비를 줄이고, 미납 세금 더 걷고, 개발 방식을 바꾸며, 시민과 함께 예산관리를 한 결과는 드라마틱했다. 비공식 부채까지 합쳐 6,642억 원이던 성남시 부채액은 이재명 시장 취임 첫해인 2010년 5,910억 원으로 줄고, 2013년 2,453억 원, 2014년 1,180억 원으로 계속 줄더니 2017년 연말에 일반회계 채무 190억 원을 다 갚았다. 2018년 1월에는 국비로 자동 상환되는 공기업 특별회계 채무 9억 원만 남아있었는데 이 역시 2019년에 상환이 완료되는 '서류상 채무'였다. 6,642억 원의 부채를 7년 반 만에 다 갚은 '채무제로' 재정건전성을 확보한 셈이다.

이처럼 빠른 빚 청산을 두고 일각에서는 '땅 팔아 빚 갚았다'라는 주장을 제기했지만, 사실이 아니었다. 시유지를 판 매각 액수보다 시유지를 사들인 매입 액수가 더 컸으니까. 성남시에 따르면 2010년부터 2017년 10월 말까지 벤처기업 유치, 택지개발 등의 목적으로 총 195건 2,446억 원의 시유지 매각을 했고, 같은 기간 산업단지 조성, 청사 건립 등을 위해 총 1,019건 3,268억 원 규모의 시유지를 매입했다. 시유지를 판 금액보다 사들인 금액이 822억 원 더 많았다. 당시 김남준 성남시 대변인은 "객관적 사실에도 불구하고 '시유지 팔아 복지를 한다'고 비난하는 것은 요즘 말로 '가짜뉴스'다"라며 '빚도 갚고 복지도 확대했다고 보는 것이 정확하다'고 지적했다.

● **성남시 부채청산 총현황**

(2018년 1월 31일 기준, 단위: 억 원)

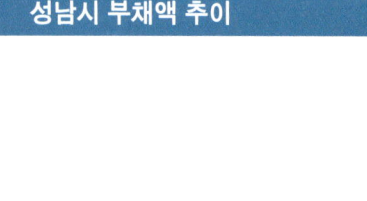

성남시 부채액 추이

- 전임정부: 6,642
- 2010년 (취임): 5,910
- 2011년: 5,213
- 2012년: 4,570
- 2013년: 2,453
- 2014년: 1,180
- 2015년: 1,184
- 2016년: 968
- 2017년: 199
- 2018년 (1월말 현재): 9

(성남시 부채청산 총현황, 2018.1.31. 기준, 출처: 성남시 참고자료)

성남시의 이러한 지방재정 건전화 사례는 이후 많은 지자체에 영향을 줬다. 경기도를 비롯한 용인시, 김해시, 시흥시, 창원시 등 다양한 지자체가 적극적인 지방행정을 통해 지자체의 재정위기를 극복했다며 '채무제로'를 선언하기도 하였다. 개중에는 진짜 채무제로라기보다는 실질부채나 잠재채무, 대형민간사업(예: 경전철), 미래복지비용 등 '숨은 부담'을 반영하지 않은 위장 채무제로도 있었지만, '채무제로'로 대변되는 지자체의 재정건전성 확보 노력이 성남시 모라토리엄 논란 이후 확산된 것은 분명해 보인다.

위기가 닥쳤을 때 숨김없이 터놓고 참여를 독려하며 강력하게 집행할 때 재정위기는 오히려 혁신의 기회가 될 수 있다. 성남시 사례가 남긴 중요한 교훈이다.

확인문제
성남시가 2010년 모라토리엄을 선언했을 때 많은 비판이 쏟아졌으나, 이재명 시장은 어떤 원칙과 방식을 통해 7년 만에 부채를 청산하고 재정 정상화를 달성할 수 있었을까?

심화문제
지방정부의 재정위기 상황에서 리더가 위기를 '공개하고 시민과 공동책임을 나누는 전략'(성남시 모라토리엄 모델)과 '최대한 숨기고 내부 해법만으로 관리하는 전략'(전통적 위기관료주의) 중 어떤 방식이 더 바람직하며,

각각의 장단점은 무엇일까요? 또한 이재명 시장의 '공개와 소통' 방식이 다른 도시나 국가에 적용된다면 어떤 결과와 한계가 생길 수 있을지 구체적 사례와 함께 토론해 봅시다.

_ 인용자료

- [이재명 성남시장 영상] 성남시가 빚 다 갚을 수 있었던 이유! (tvN, 어쩌다어른, 2017. 12. 7) https://youtu.be/i4XO6PwTi6E?si=Yd5q46V5niI0YpDv
- 양지우, '성남시, 특별회계 지급유예 선언' (KBS, 2010. 7. 12)
- '성남시 빚, 5,400억의 진실' (MBC PD수첩, 2010. 7. 20)
- 유혜준, "성남시의 '배째라' 모라토리엄 선언, 현명했다" (오마이뉴스, 2012. 4. 20)
- 최인진, 이재명 성남시장 "3년 6개월 만에 모라토리엄 벗어났다" (경향신문, 2014. 1. 27)
- 이길순, "성남의 변신… '모라토리엄'에서 '채무제로'까지" (한성뉴스넷, 2018. 2. 2)
- 성남시 보도자료, "성남의 변신… '모라토리엄'에서 '채무제로'까지" (경기도뉴스포털, 2018. 2. 1)
- 성남시 첨부자료 '민선 5, 6기 정책 전략 변경으로 성남시에 재정적 이익이 발생한 사업 현황 등' (성남시, 2018. 2. 1)

나의 생각

나의 질문

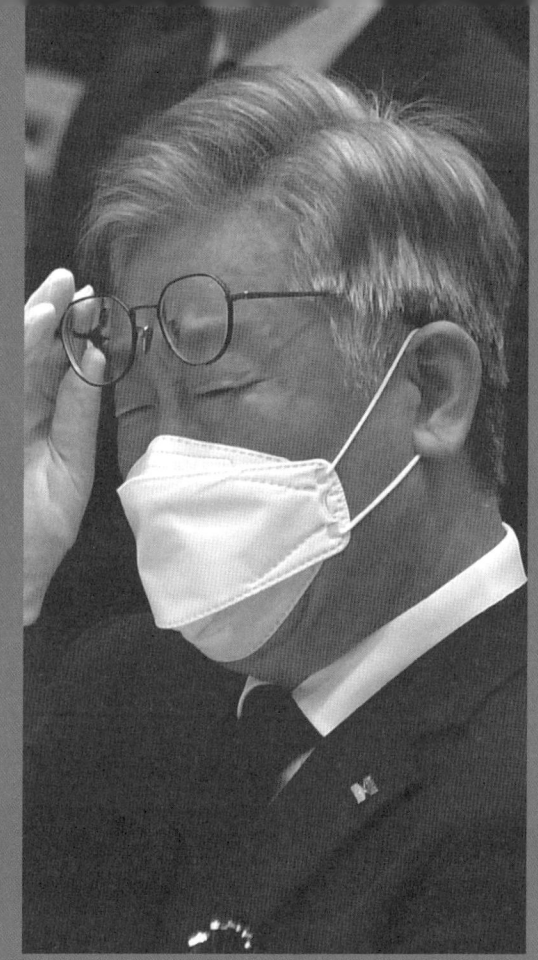

© 연합뉴스

리더의 '노동렌즈'가 바꾸는 것들

ⓒ 대한민국 대통령실

일하는 사람을 살피는
리더가 얻는 신뢰

만일, '노동'을 중시하는 리더가 우리 조직을 맡는다면 그 조직은 어떻게 될까? 1초도 안 되어 섬광처럼 두려움이 스친다. 망하지 않을까, 귀족노조의 놀이터가 되면서….

그런 걱정은 수십 년간 보수언론의 프레임에 학습되어 배양된 '괜한 걱정'이었음을 이재명의 사례는 분명히 말해주고 있다. 2025년 6월 4일, 국회에서 대통령 취임 선서를 마친 이재명 대통령이 대통령 신분으로 가장 먼저 만난 사람들은 국회 청소 노동자들과 의회를 지키는 방호직원들이었다.

"당초 이재명 대통령이 취임 선서 직후 곧바로 오찬장으로 이동할 것으로 알려졌었는데, 그 전에 국회 청소 노동자와 의회 방호직원을 찾은 건데요. (네 지금 일일이 이재명 대통령이 악수를 하면서 이야기를 나누고 있는 모습입니다.) 아 네, 지금 같이 사진을 찍으려고 하는 모습입니다. 대통령 내외분이 무릎을 낮춰서…."

(KBS 뉴스특보, 2025.6.4)

대통령 내외는 무릎을 낮춰서 사진을 찍었다. 흔히 행사 의식에서 잘 갖춰 입은 대통령 내외가 가운데에 서면, 앞줄에 다른 이들이 무릎을 낮춰 앉던, 그런 풍경과는 정반대의 모습이 펼쳐졌다. 십수 명의 청소 노동자들은 환한 표정으로 대통령 내외에게 계속 "감사합니다" "감사합니다" 인사를 했다. 한 분은 눈시울을 붉히기도 했다. 그 이례적인 모습에, 방송인 김어준은 이렇게 말했다.

"엄마와 여동생 만나러 가는 마음으로 저분들을 만나러 간 겁니다."

© 대한민국 대통령실

알려진 대로 이재명의 가족은 모두가 가난하던 그 시절, 그 어떤 가족보다 특히 더 가난했다. 경북 안동에서 올라와 경기도 성남에서 배고픈 나날을 보냈다. 하지만 어떻게든 살아보려고 있는 힘껏 일했다. 아버지는 청소 노동자였고, 어머니도 청소 노동자였고, 여동생도 청소 노동자였다.

"아버지는 이 시장(성남시 상대원 시장)에서 청소 노동자로 일하셨고, 제 어머니는 이 건물을 다시 짓기 전에 2층 건물에 (우리 여기 상대원 시장 상인 여러분 기억하시는 것처럼) 공중화장실에 소변을 보면 10원, 다른 변을 보면 20원 이렇게 받았는데, 제 어머니, 제 여동생이 함께 그 화장실 지켰습니다. 정말 열심히 살았고, 저는 초등학교 마치고 저 상대원 꼭대기에 우리가 살았는데, 어머니께서 이 화장실에 출근하시기 전에 제 손을 잡고 공장에 바래다주셨습니다. 그래도 행복했습니다."

(이재명, 성남 상대원동 유세, 2022.1.24)

그랬던 여동생이 청소 노동을 하던 중 과로로 숨을 거뒀다. 2014년의 일이다. 이재명이 성남시장으로 일하고 있을 때였다. 그의 동생은 야쿠르트 배달을 하면서 고객들에게 이재명을 뽑아달라고 오빠의 당선을 진심으로 도왔다. 오빠의 당선 직후 힘든 야쿠르트 배달 일을 그만두려 했지만 '오빠가 시장 되더니 편한 일 하는 거냐'라는 세간의 오해를 받기 싫어 일을 계속했고, 2014년부터 청소 노동자로 일을 하던 중 새벽에 화장실 청소를 하다 뇌출혈로 사망했다. 그래서 이재명은 2022년 대통령 선거 유세 때 그의 가족이 살았던 성남시 상대원 시장 유세에서 그때 그 장소를 가리키며 오열했다.

"야쿠르트 배달하던 제 여동생 기억하십니까? 제가 시장에 당선이 됐는데 야쿠르트 배달 그만하고 싶어서 장사가 안되고 너무 힘들어서 그만두고 싶었지만 혹시 다른 직장 구하면 오빠가 도와줘서 그런다는 소리 들을까 봐 제가 재선한 후까지 야쿠르트 배달 계속했고 그러다가 제가 재선된 후에 청소부로 직업 바꿨다가 과로로 새벽에 화장실에서 죽었습니다. 제가 도와준 게 없어서 가슴 너무 아픕니다."

(이재명, 성남 상대원동 유세, 2022.1.24)

이재명에게 '노동'이라는 낱말은 추상적인 관념이 아니라 '우리 엄마'와 '내 동생'이었다. 그에게는 '산업재해'라는 말도 딱딱한 법률 용어가 아니라 자신의 굽은 팔, 그리고 '우리 형'의 삶이었다.

"저희 큰 형님, 건설 현장에서 일하시다가 떨어져 가지고 왼쪽 다리 절단하시고 최근에는 당뇨병까지 와 가지고 오른쪽 다리도 절단했습니다. 그 참혹한 장면을 찍어서 언론에다 내는 사람들이 있더군요. 제 조카가 '작은 아빠, 우리 아버지 그 처참한 장면 그 영상 좀 어떻게 지워 달라'고 좀 힘 좀 써달라고 나한테 부탁했어요. (중략) 그러나 여러분 이런 저의, 이 참혹한 삶이 제가 어떤 곤경에도 불구하고 앞으로 나아가는 원동력입니다. 제가 그 많은 사람들에게 제가 조금만 고통을 견뎌내면 조금씩이라도 희망을 주고 그들에게 기회를 만들어 줄 수 있고 조금이라도 더 나은 삶을 살 수 있게 할 수 있기 때문입니다."

(이재명, 성남 상대원동 유세, 2022.1.24)

이런 이재명이 지난 2010년 성남시장에 당선되었을 때 성남시에는 무슨 일이 벌어졌을까. 청소 용역을 사회적 기업이 맡도록 해 임금과 처우 현실화를 지원했다. 성남시 차원에서 취약계층 일자리 창출을 목적으로 하는 사회적 기업을 육성했고 그중 한 업체가 성남시 공공도서관의 청소 용역 5곳 중 3곳을 맡으며 27명의 미화원 월급이 당초 140만 원가량에서 50만 원가량 오른 190만여 원으로 현실화한 거다. 감사 편지를 받기도 했다.

"지난 8일 경기도 성남시 이재명 시장에게 'choibk1102'이라는 낯선 주소의 이메일이 한 통 도착했다. 이메일을 보낸 사람은 성남시 분당도서관에서 청소 노동자로 근무하는 최범규(61) 씨, 분당도서관 미화반장인 최 씨가 이곳에서 일하는 7명의 청소 노동자를 대표해 '월급 50만 원을 올려 줘 감사하다'라며 시장에게 감사 편지를 보낸 것이다."

(연합뉴스, 2011.3.9)

어떻게 사회적 기업이 청소 용역을 맡았는데 월 50만 원의 임금이 올랐을까? 더 준 게 아니라 그동안 부당하게 덜 받던 것을 현실화시켜 제대로 주기 시작한 것이었다. 청소 노동자가 보낸 감사 편지에는 이런 대목이 있었다. 약한 자의 슬픔을 갖고 살아가는 우리의 사기 진작과 삶의 의욕을 북돋워 주신 시장님께 정말 감사하다고…. 매년 용역업체가 바뀌면서 청소 노동자들의 임금을 착취하는 일이 비일비재했고, 설계된 예산의 60%만 월급으로 지급하고 40%를 업체가 가져가는 걸 알면서도 누구 하나 잘못됐다고 말할 수 없었다고.

"그는 전화 통화에서 '청소부 아주머니들의 임금이 월 140만 원에서 195만 원으로 55만 원이 올랐고 저는 90만 원이 올랐다'라고 미안해하면서 '그동안 용역업체가 (미화원 임금을) 얼마나 챙겼는지 알 수 있을 것'이라고 말했다."

(연합뉴스, 2011.3.9)

이재명은 '청소 용역'에 대한 사회적 기업을 자랑스러운 발명품으로 여겼다. 이익이 발생하지 않도록 법으로 명시돼 있는 사회적 기업이 청소 용역을 맡으면 노동자 처우가 확실히 개선될 수 있기에 '사회적 기업은 노동운동의 연장'이라는 입장을 밝히기도 했다.

그러다 오해를 받기도 했다. 왜 그렇게 청소 노동자를 챙기느냐고, 뭔가 있는 거 아니냐고…. 이재명은 몇 해 뒤 청소 용역 때문에 검찰수사를 받았다. 지방선거에서 후보 단일화의 대가로 경기동부연합 인사들이 주축이 된 사회적 기업에 청소 용역 특혜를 줬다는, 일명 '청소용역 특혜 의혹' 사건이다. 2013년에는 수원지검이 수사했고, 2015년에는 서울중앙지검이 수사했다. 둘 다 이재명 시장을 직접 소환시켜 언론에 노출시켰다. 결과는 모두 무혐의. 해당 사회적 기업은 당시 이명박 정부와 경기도가 모두 인증할 만큼 실적과 자격요건이 충분한 업체였고, 위탁 적격심사에서 새누리당 시의원이 최고점을 줄 만큼 공모 과정도 공정했기 때문이다.

성남시장 시절부터 행정에 적용시켜온 이재명의 '노동렌즈'는 경기도지사에 당선되면서 본격적인 정책으로 드러났다. 그동안 지하 깊은 곳에 꼭꼭 숨겨뒀던 경비, 청소 노동자들의 휴게시설이 지상으로 올라왔다. 2018년 경기도청사와 경기도 산하 공공기관에서 일하는 경비원과 청소원 휴게시설을 모두 지상화시켰다. 이후 경기도시공사가 시행하거나 계획 중인 모든 아파트를 비롯해 이미 입주가 끝난 아파트단지 지상층에 청소 노동자를 위한 휴게공간을 설치하도록 했다. 아파트 경비원의 근무 여건 개선을 위해, 별도 택배 보관 공간을 확보하도록 제도화시켰다. 이후 2019년 국토교통부는 '주택건설기준 등에 관한 규정·규칙'을 개정해, 모든 신규 아파트에 경비원과 청소원, 관리사무소 직원들이 쉴 수 있는 휴게시설 설치를 의무화시켰다. 경기도에서 시작된 노동렌즈 행정이 전국의 아파트로 확산한 거다. 그러나 이건 시작에 불과했다. 이재명은 현장 노동자들과의 직접 소통을 통해, 제도가 서류에만 존재하는 게 아니라 실제 현실의 삶을 바꾸도록 노력했다. 눈이 많이 오던 2021년 1월, 새벽 3시까지 아파트 눈을 치우고 염화칼슘을 뿌렸다는 수원의 아파트 경비원이 이재명 지사의 SNS에 글을 남겼다.

"이재명 지사님께 드리는 진정서… 저는 수원에서 경비원 일을 하고 있습니다. 지하 불법시설인 아파트 경비원 휴게실을 지상으로 옮겨주세요. 습기, 차 소리, 석면 노출 등 건강을 해치고 있습니다. 경비원은 건전한 사회 구성원의 일부이며 쾌적한 휴게시설을 제공받을 권리가 있습니다. 인간이기 때문입니다."

(아파트 경비원, 2021.1.7)

그러자 이재명은 그다음 날 곧바로 이렇게 답했다.

"적극 동의합니다. 청소, 경비 노동자들의 존엄을 지키는 일은 도에서 무척 신경 쓰고 있는 사업입니다. 올해부터는 '아파트 경비 노동자 인권 보호 모니터링단'을 구성하고, 노동자들의 자발적 모임을 지원하는 사업도 추가됩니다. 빠른 시일 내로 선생님 삶에 실질적 변화를 만들어 내도록 최선 다하겠습니다."

(이재명, SNS, 2021.1.8)

여기서 언급한 것처럼 이재명은 휴게실 등 근무 여건뿐 아니라 최근 사회적 문제로 떠오른 '아파트 경비 노동자에 대한 괴롭힘'과 같은 노동 인권 문제를 정면으로 다뤘다. 경비원을 괴롭히거나 갑질을 방지하는 아파트 관리 규약 준칙 마련에 힘썼고, 이를 위반할 경우 실태조사를 거쳐 거액의 과태료를 부과하는 방안까지 중앙정부에 건의했다. 실제로 2021년 1월 4일 국토교통부는 공동주택관리 규약에 경비원 등 근로자에 대한 괴롭힘 금지 등을 반영하는 공동주택관리법 시행령 개정안을 공포·시행한다고 밝혔다.

이렇게 노동자를 챙기는 리더를 제삼자들은 어떤 시선으로 볼까? 의외였다. 경비원만 챙기는 리더가 아니라, 경비원까지 챙기는 리더라면, 아파트 안에 살고 있는 모든 사람을 세심하게 챙겨줄 거라는 기대감이 지난 대선 기간에 표출됐다.

서울·경기 주택관리사들이 모인 공동주택관리특별위원회가 이재명 후보 지지를 선언했다. '공동주택 관리 노동자의 인권 향상과 국민의 보금자리인 공동주택의 합리적 운영에 관심을 보여 온 이 후보와 함께 할 것'이라고 밝혔다.

"경기지역 공동주택 입주자대표회의 회장 등으로 구성된 공동주택입주민총연합회도 같은 날 이 후보 지지 선언을 했다."

(한국아파트신문, 2025.5.30)

"공동주택 종사자와 입주민 등으로 구성된 '모두가 행복한 아파트 만들기 포럼'이 5,000명의 회원 명의로 이재명 후보에 대한 공식 지지를 선언했다. '우리는 공동주택 종사자와 거주민 모두의 주거권 및 고용안정을 위한 유능한 일꾼으로 이재명을 선택했다'며 '성남시장과 경기도지사 재임 당시 민생에 실질적 도움을 준 후보'라고 강조했다."

(뉴스핌, 2025.5.27)

당대표가 된 이재명은 당사 안의 청소 경비 노동자 휴게공간부터 손보며 업무를 시작했다. 여의도 중앙당사 지하에 있던 휴게실과 샤워실을 지상으로 옮기도록 지시했고, 이후 중앙당 자치분권국을 통해 민주당 소속 지방정부 및 지방의회의 장이 관할하고 있는 기관의 청소원·방호원·관리직원 휴게실 현황을 파악하고 지상화 실행 여부를 공개하는 방안도 지시했다.

기후위기로 극한 폭염 속에 일하다 사망한 젊은 노동자의 직장을 직접 찾아가 답을 찾기도 했다. 그는 2023년 7월 코스

트코코리아 하남점으로 직접 찾아가 '폭염 대비 노동자 안전 대책 마련을 위한 현장 간담회'에 참석했다. '살고자 취업했던 현장이 결국 죽음의 장이 돼 버린 안타까운 현장'이라며 1시간 노동하면 10분 쉬라는 정부의 권고사항을 아무도 안 지키는 이유는 무엇인지, 노동환경 감독을 담당하는 근로감독관의 수를 늘릴 필요는 없는 건지 계속 물었다. 이후 2024년 9월에 더불어민주당 주도로 국회는 '폭염 휴식권'을 담은 법안 개정안을 통과시켰다. 2025년 1월 고용노동부는 일정 기준 이상 폭염 시 2시간마다 20분 의무 휴식을 담은 산업안전보건기준에 관한 규칙(제566조) 개정안을 입법 예고했다. 이후 규제개혁위원회가 '영세기업에 대한 과도한 규제'를 이유로 두 번이나 제동을 걸자, 이재명 대통령은 당선 직후 직접 폭염 대책을 강조했고, 민주당 지도부가 '본인들이 뙤약볕에 20분만 서 있어 보라'라며 질타하자 2025년 7월 11일, 고용노동부가 제시한 규칙 개정안이 원안 그대로 규제개혁위원회를 통과했다.

당선 직후 산업재해와 전쟁을 선포하기도 했다. 그는 산재 사망 사고가 반복된 SPC삼립 공장을 직접 찾아 현장에서 사고 원인과 관련해 경영진과 토론을 벌였다.

"제가 추측되는 얘기를 한번 해볼까요? 임금이 총액이 너무 낮아서 8시간씩 일 시키면 일할 사람이 없는 거 아닙니까? 설명을 한번 해보세요. 이유가 있을 거 아니에요. 왜 12시간씩 막 교대를 시키고 있을까? 8시간씩 3교대를 시키는 게 더 싼데…."

(이재명 대통령, SPC 현장간담회, 2025.7.25)

이후 SPC삼립은 밤새 12시간씩 일하던 야간 근무를 8시간으로 줄이겠다고 발표했다. 이재명은 산재사고 발생 기업에 대해서는 징벌 수준의 제재를 하겠다며 노동부 장관에게 산업재해 근절에 직을 걸라고 지시하기도 했다. 역시 중대재해 사망 사고가 잇따른 건설업체 포스코이앤씨는 대표이사 이하 임원진 교체에 나섰다. 그래도 또 다른 건설 현장에서의 산재 사망 사고 소식이 전해지자, 대통령은 아예 모든 산재 사망 사고를 즉시 자신에게 직보하라고 지시했다. 그날은 대통령의 휴가 복귀 첫날이었다.

"어제 또 DL건설 의정부 아파트 공사 현장에서 50대 노동자가 추락해 사망하는 사고가 나자 이 대통령은 오늘 아예 모든 산재 사망 사고에 대해 '대통령 직보'를 지시했습니다."

(MBC, 2025.8.9)

이처럼 '산업재해'에 진심인 이재명을 두고 여론은 더 이상 좌파 정치인의 기업 죽이기 정도로 치부하지 않는 분위기다. 우리 사회에서 노동이란, 산업재해란, 우리 엄마와 우리 동생, 우리 형의 삶에 직결된, 헌법에 보장된 소중한 인권이자, 함께 사는 세상의 기본임을 이재명 가족의 처절한 삶을 통해 알아가고 있기 때문 아닐까?

"돈 벌기 위해서도 노심초사하죠. 회사가 망하지 않을까, 또 경쟁업체와의 관계는 어떻게 될까, 경제 상황은 어떻게 될까, 당연히 노심초사하실 텐데, 또 그런 한편으로 함께 일하는 식구인 노동자들이 혹시 죽거나 또는 심하게 다치지 않을까 하는 것도 노심초사해야 되는 게 맞다고, 저는 생각합니다. 당연히 그러실 거라고 보고요. 함께 사는 세상을 우리 꼭 만들면 좋겠고요, 어려운 자리 만들어 주신 SPC 그룹에 각별히 감사 인사드립니다."

(이재명 대통령, SPC 현장간담회, 2025.7.25)

확인문제

이재명에게 노동문제는? ○○의 삶이다.

심화문제

기후위기로 40도에 육박하는 폭염이 매년 반복되고 폭염일수가 더 늘고 있는 상황에서 당신이 자치단체장이라면 어떤 조처를 할 건가요?

_ 인용자료

- '이재명 상대원동 연설' 현장 영상 (이재명TV 인용 파란스피커 채널, 연설 : 2022.1.24., 영상 게시 : 2025.5.8) https://youtu.be/-EgHvXRb5Eo?si=OhlxLArDINmPKR3S
- 국회 청소 노동자 만난 이 대통령, 갑자기 무릎 낮추자 "아이고…" (KBS뉴스특보, 2025.6.4) https://youtu.be/oRAWH-CE5i8?si=-ZjnqMnfC-bxcnhG
- 김어준, (뉴스공장, 2025.6.5)
- 신동욱, "청소 노동자와 찍은 사진엔 이 대통령의 '가족사'가 담겨 있다" (한겨레, 2025.6.5)
- 김경태, '임금 50만원↑' 성남시 청소노동자 '싱글벙글' (연합뉴스, 2011.3.9)
- 최인진, 성남시 '경기동부연합출신 인사 청소 용역 특혜는 사실무근" (경향신문, 2012.5.18)
- 유종헌, [단독] '이석기 내란 선동 사건' 수사서 이재명 빠진 의혹도 조사 (조선일보, 2023.7.10)
- 이주영, "청소·경비 노동자 삶에 실질적 변화 만들어 내도록 최선 다할 것" (경기도 뉴스포털, 2021.1.11)
- 고경희, '공동주택관리특별위원회, 이재명 후보 지지 선언' (한국아파트신문, 2025.5.30)
- 박승봉, '모두가 행복한 아파트 만들기 포럼' 5,000명, 이재명 후보 지지 선언' (뉴스핌, 2025.5.27)
- 조윤영, "이재명 '민주당사 청소 노동자 지하 휴게실 지상으로' 이전 지시" (한겨레, 2022.9.23)
- [LIVE] 노동자의 생명과 안전보다 중요한 것은 없습니다. (이재명TV, 2023.7.11)
- 정재민, 이재명, 노동자 폭염 사망 현장 찾아 '현장감독 정책 개선에 최선' (뉴스1, 2023.7.11)
- 조봄, 2번 퇴짜 맞았던 '폭염 20분 휴식 의무화'…제대로 될까 (더스쿠프, 2025.7.12)
- SPC 현장 간담회 영상 (KTV 이매진 채널, 2025.7.25) https://youtu.be/x2lm1n9IJgE?si=8RPZ8YpQScI8e42E
- 이해선, 이재명 대통령 질책 이틀 만에… SPC '8시간 초과 야근 폐지' (MBC, 2025.7.27)
- 홍신영, "또 추락 사망 사고… 이 대통령 '모든 산재 사망 사고 직보하라' 지시" (MBC, 2025.8.9)

나의 생각

나의 질문

ⓒ대한민국 대통령실

해묵은 갈등 현안 해결법

ⓒ 대한민국 대통령실

계곡 정비에 대한 오해와 실제

어느 조직이든… 뻔히 알면서도 어떻게 할 수 없어 손 놓고 있는 문제들이 있다. 대부분 이해당사자의 극심한 반발이 예상되는 사안들로, 반발은 확실한데 개선 효과는 불확실하다 보니 특히, 임기가 정해져 있는 선출직 리더들의 경우 그냥저냥 뒤로 미루다 시간만 보내기 일쑤다. 언제까지 미뤄둘 것인가, 도대체 해묵은 갈등 현안은 어떻게 풀어야 할까?

그 대목에서 많은 사람이 떠올리는 사례가 있다. 계곡 정비, 그렇다. 이재명 도지사 시절 '계곡 정비'라는 해묵은 현안을 어떻게 풀어냈는지 다뤄볼 생각이다. 여기서 한 가지 놀라운 점은, 의외로 사람들이 계곡 정비에 대해 모르고 있는 부분이 많더라는 거다. 예를 하나 들어보자. 상인들이 자진 철거를 하고 계곡이 정비되고 난 이후에도 이재명 도지사는 수시로 현장을 점검했다. 슬그머니 불법적 행태가 이뤄지지는 않는지 자신의 눈으로 직접 확인했다. 그러다 보니 자연스럽게 '도지사가 불시 점검 나오더라'라는 소문이 퍼지며 상인들과 현장 공무원들이 긴장했다. 그는 최대한 소리 소문 없이 다녀갔다. 언제 도착한다는 동선이 알려지면 그 시점에만 잘 지켜지는 듯 포장될 수 있기에 어떤 계통도 밟지 않고 소리 소문 없이 움직였다.

"정비가 끝난 뒤에도 이재명은 주말마다 불시 순찰을 나갔다. 그것은 공무원과 상인 모두에게 경각심을 유발시켰다. 슬그머니 불법적인 영업 행태로 돌아가려던 상인들은 깜짝 놀랐다. 이제 끝난 일이라고 생각해 규제를 소홀히 한 공무원들은 긴장할 수밖에 없었다. 도지사가 움직이면 그 누구라도 알 수 있고, 계곡이 도청 바로 옆에 붙어 있는 것도 아니기 때문에 이동하는 시간 동안 동선이 알려질 수도 있었다. 도착쯤에만 잘 지키는 척할 수도 있는데, 어떻게 진짜 몰래 갔을까 궁금할 것이다. 비결은 아내와 함께 둘만 가는 것이었다. 이재명은 시행 결정이 잘 돌아가는지 수차례 아내와 함께 직접 현장을 방문하고 꼼꼼히 챙겼다."

(이재명 곁에서 함께해온 사람들, 이재명의 준비, 2025.4.17)

계곡 정비는 2019년 6월부터 본격적으로 시작됐다. 그런데 그 1년여 전부터 매우 치밀한 준비 작업이 가동됐다. 출발점은 뭐였을까, 엉뚱하게도 '화가 나서'였다. '자연'이라는 모두의 공유공간을 사적으로 점유하는 현실에 대한 분노가 정책의 도화선이었다.

"사실 제가 화나서 한 거예요. 저는 물속을 너무 좋아해요. 혹시 정말 그런 전생이 있나 싶은 생각이 드는데, 제가 성남에 와서 제일 충격적이었던 장면은, 그 물이 어느 날 검은 폐수로 뒤덮이면서 피라미들이 (폐수를) 피해서 저쪽 맑은 물 쪽으로 헤엄치는 장면 있잖아요. 그건 상상이 안 되실 거예요. 탄천이 그랬는데, 그 탄천에 1976년에 와서, 거기 수영을 하러 많이 다녔단 말이에요. 그런데 어느 날부터 갑자기 상대원 쪽에서 흘러나오는 폐수들이 점점점 짙어져 가지고 물하고 섞이잖아요. 그러니까 물고기들이 오염되지 않은 쪽으로 헤엄쳐요. 너무 답답해 보이는 거예요. 그래서 가끔 그런 꿈을 꾸거든요. 오염된 물에서 수영하는 꿈을 꿔요. 제가 지금도 그래서 물속을 매우 좋아하는데, 저는 바윗돌을 보면 그 안에 어떤 물고기가 사는지 대충 짐작하거든요….”

(이재명, 박영선TV, 2021.9.7)

이처럼 정책의 출발은 자연에 대한 '감성'으로 시작됐지만, 정책집행 준비는 철저히 이성적, 합리적으로 진행됐다. 그 많은 불법 시설물을 단기간에 철거할 전략부터 수립했다. 그것은 투 트랙 옵션이었다. 강제 철거냐, 자진 철거냐, 스스로 선택하시라는.

"제가 성남시장 할 때 같았으면 무조건 강제 철거를 했어요. 왜냐하면 그들은 위반하고 있고 말로 해서도 안 될 거고, 말로 해서 했으면 지금 했을 테니까, 당연히 강제 철거로 밀어붙였을 건데 이번에는 그렇게 하지 않았죠. (어떻게 하셨어요?) 다 설득했어요. 일일이 한 사람씩 만나서… 지침을 정확하게 정하고 준비는 철저하게 하고 옵션 두 개를 정확하게 제시했죠. 강제 철거당하는 루트, 처벌받습니다, 벌금도 내야 됩니다. 당연히 철거 비용도 내셔야 되고 원상 복구하셔야 되고 지원도 없고 고통만 따릅니다. (반면) 스스로 철거하시면 철거 도와드립니다, 처벌하지 않습니다, 지원도 해 드립니다, 다 복구도 해 드립니다. 자 이 둘 중의 하나 선택하세요. 웃으면서…."

(이재명, 박영선TV, 2021.9.7)

이처럼 정확한 지침을 내린 뒤 이를 현장에서 집행할 행정력을 준비했다. 2018년 9월부터 경기도특별사법경찰단의 직무 범위에 '지방하천 단속'을 포함시켰다. 경기도 내에 관련 TF팀을 가동시켰고 해당 시·군에는 하천 불법행위 근절에 대한 주민 홍보를 실시할 것을 주문하는 등 준비에 만전을 기했다. 공직자들에게는 '불법점유 영업행위'에 대한 엄정 대처를 통해 '내년에는 경기도 내 계곡 어디를 가나 깨끗하다는 말이 나오도록 하겠다'라는 리더의 비전과 의지를 명확하게 강조했다.

계곡정비사업 시행 전 장흥유원지 일대 계곡(2016.8.3)

그런 준비 끝에 2019년 6월부터 경기도는 시·군과 함께 포천시 백운계곡 등 경기도 내 198개 하천과 계곡 현장을 다니며 평상과 방갈로 등 불법 시설물을 점검하기 시작했다. 전담 TF팀은 총 20차례에 걸친 현장점검과 8차례 단속 공문 발송으로 자진철거를 유도했고, 경기도특별사법경찰단은 전방위적인 수사를 통해 74건에 달하는 불법행위를 적발했다. 어떻게 됐을까, 불과 4개월 만에 전체 불법시설의 32%가 정비됐다.

"이재명 지사는 확대간부회의를 마친 뒤 도지사 집무실에서 '계곡 및 하천 불법행위 근절 추진 및 도민 환원 방안'에 대한 별도 보고를 받았다. 이날 보고에 따르면 도는 도내 25개 시·군 내 106개 계곡 및 하천에서 총 726개소의 불법행위자를 적발, 233개 시설에 대한 철거 및 원상복구를 완료했다. 불과 4개월여 만에 확인된 전체 불법시설의 32%의 정비를 완료한 셈이다. 특히 남양주, 양주, 용인, 파주, 평택, 안산, 오산, 의왕, 성남 등 9개 시·군의 경우 단 1곳도 남김없이 불법업소 철거가 완료됐다."

(경기도, 2019.10.24)

그 과정에서 2라운드가 시작됐다. '이건 너무한 거 아니냐'라는 상인들의 거센 반발이 올라왔다. 2019년 8월 23일 오후, 현장 간담회가 열린 양주시 장흥면 석현리 마을회관에서는,

"형평성, 공정성 다 좋지만, 옛날에 운동권 운동을 하면 계도기간이 있고 적당히 잡았어요. 저도 인천 사태 때 데모 맞고 다 했지만, 이렇게 단칼에… 단칼에 죽이는 거 좋아요. 형평성 공정성 저희는 할 말이 없습니다. 법을 모르니까. 여기 얼마나 (많은 사람이) 전국에서 다 와요. 애들 놀리려고 해운대 가 봐요, 지사님이 애들 데리고 해운대 가보세요. 기름값이 얼마고, KTX 타고 갈까요? 서민들이… 여기 마을버스 타면 와요…."

(석현리 마을회관 현장 간담회에서 상인의 항변, 2019.8.23)

격앙된 상인의 항변은 10분이 넘게 이어졌다. 이재명은 어떻게 대응했을까? 들었다. 아무 말도 없이 그대로 경청했다. 그러다 상인의 말이 5분이 넘고 10분이 넘고 11분이 넘을 무렵 딱 한 마디 했다.

이재명 추가로 더 하실 이야기는…

상인 추가?

이재명 지금까지 했던 이야기 말고 새로운 거 더 하실 이야기는 없나요?

상인 어 이 이야기예요. 이게 다예요. 다른 분 이야기하시죠.

그는 이날 집행을 조금 더 천천히 유예해 달라는 상인들의 요구에 그건 안 된다며 거절했다. 대신 자진 철거를 할 경우 경기도가 지원할 수 있는 항목에 대해 충분히 의견을 듣고 적극적인 의지를 보여줬다. 원칙을 분명히 하되 출구를 제시하며 그 출구의 구체적인 상에 대해 충분히 소통하며 결정한 거다.

"제가 해결한 방법은 그리 어렵지 않습니다. 설득하고 대안을 만들어 주고 합리적으로 논쟁하고 그래도 끝까지 부당하게 버티면 권력으로 제압하는 것이지요. 그러라고 권력 준 것 아닙니까? 그래서 제가 경기도 중에 가장 악질적이고 심한 곳 몇 군데를 시범적으로 단속을 했습니다. 물론 법적 절차를 다 밟아서. 안 하면 철거합니다, 계도문 보내고, 철거 안 하면 강제 철거하고 비용도 물립니다. 안 해요. 그럼, 법대로 두세 곳을 일단 철거한 다음, 다른 곳은 다니면서 말로 만나서 설득했지요. 필요한 것이 무엇이냐? 우리가 몇억씩 주고 사서 들어왔는데 우리는 어떡하란 말입니까? 그러면 다른 길을 찾아주면 될 것 아니냐. 그래서 제가 이렇게 이야기했어요. 일단 닭죽 파는 것 좋은데 닭죽 한 마리 6만 원씩 받고 파는 것 좋은데 그것보다 더 좋은 방법을 알려주겠다. 지금 그것 때문에 계곡에 사람이 안 오지 않느냐. 더러워서 피해서 안 오지 않냐. 싹 정리를 하자. 정리를 한 다음에 깨끗하게 정비를 해서 많은 사람이 오게 한 다음 거기다가 닭죽을 팔지 말고 커피와 차를 팔아라. 깨끗하게 정비하고, 유럽의 관광지처럼 산책로도 정비하고, 주차장도 만들고, 봄철에는 그림 그리기 대회, 여름에는 메기, 버들치 잡기 대회, 낚시 대회 이런 것 하고, 가을 되면 농산물 판매하고, 화장실도 만들고 산책로 만들면 많이 오지 않겠습니까?"

(이재명, 군산 유세, 2025.5.16)

그는 강제 철거에 대한 강력한 집행 의지를 보여줬다. 그뿐만 아니라 자진 철거 시 얼마든지 지원을 아끼지 않는다는 대안 마련에 대한 집행 의지도 확실히 보여줬다. 선명한 방향을 제시하고 그대로 집행하자 계곡의 민심은 요동쳤고 결국 그 방향에 협조하는 쪽으로 모아졌다.

"어떻게 믿냐고 그래서, 안 믿으면 어떡할 건데요? 그렇게 할 것인데 만약에 안 하면 저기 철거하는 것 봤지요? 강제 철거하고 비용도 물리고 당연히 형사처벌하고 지원도 안 해줍니다. 반대로, 협조하고 철거 빨리하고 우리가 돈 다 들여서 원상복구하고 돈도 지원해 주고 빌려주고 주차장으로 만들어 주고 화장실도 만들어 주고 산책로 다 만들어 주고 계곡 관리관을 만들어서 다 처리해 주고 동네 사람들 고용해서 청소해 줄 테니까 둘 중에 어떤 것을 고르겠습니까? 그래서 그분들이 다 믿고 자기들이 알아서 철거했어요. 길 다 닦아주고 주차장 만들고 공용 화장실 다시 하고 그 건물에서 커피를 팔려면 닭죽 집이 아니고 깔끔한 카페가 되어야 할 것 아닙니까? 돈 필요하잖아요. 다 빌려줬어요. 그래서 일부에서는 저보고 그걸 무력으로 무지막지하게 철거해서 겁을 줬다고 생각하는데, 그것 아닙니다."

(이재명, 군산 유세, 2025.5.16)

© 연합뉴스

가평 정비된 계곡을 돌아보고 있는 이재명 경기도지사(2021.5.26)

이재명은 자진 철거에 협조한 상인들과의 약속을 지키기 위해 진심으로 자연 복원과 문화관광 인프라 조성에 힘을 썼다. 정비가 끝난 뒤 수시로 언론 인터뷰나 SNS 글을 통해 자진 철거에 협조해 준 상인들에 대한 감사의 마음을 전했다.

"대부분 경기도가 공권력을 동원해 우격다짐으로 강제 철거한 줄 아시지만, 실제로는 주민들께서 99% 자진 철거해 주셨습니다. 약속드린 대로 신속한 정비와 편의시설 설치·공동체 사업·행정·재정·금융 지원 등 가능한 방법을 총동원해 협조해 주신 현지 주민들의 삶이 신속히 정상화되도록 하겠습니다. 우리 도민들께서도 계곡 현지 주민들과 다른 도민들을 배려해 깨끗하게 이용해 주시기 바랍니다. 경기도 계곡을 생업 터전으로 삼아 살고 계신 주민 여러분 진심 감사합니다."

(이재명, SNS, 2020.9.2)

그러다 보니 예상치 못했던 뜻밖의 선물을 받기도 했다. 계곡 정비가 시민 휴식 공간 확보뿐 아니라 반복되던 홍수 피해를 최소화하는 효과도 있음이 입증된 거다.

"해당 지역 올해 수해 피해 건수는 2건으로 (누적 강수량이 비슷했던) 2013년 8건보다 약 75%가 감소한 것으로 나타났다. 피해액도 2013년에는 6억 3,600만 원이었지만, 올해는 3,700만 원으로 약 94%가량 감소하는 등 과거와 비교해 상대적으로 피해가 적었던 것으로 확인됐다. 구체적으로 포천 영평천·남양주 구운천·광주 번천은 2013년에는 약 3억 원 정도 피해가 있었으나 올해는 없었다. 가평 가평천·양평 용문천은 2013년에 약 4억 원 피해가 발생한 반면, 올해는 약 3,600만 원 정도였다."

(오마이뉴스, 2020.9.3)

또 한 가지 기막힌 일도 있었다. 이재명이 선거법 위반 혐의로 당선 무효에 처해질 위기 순간에, 상인들이 이재명을 응원하는 현수막을 붙인 거다. 만약 서슬이 퍼런 위계에 숨죽이던 상인들이라면, 도지사가 아닐 수도 있는 사람을 위해 그런 현수막을 내걸었을까?

"제가 2심에서 선거법 위반으로 벌금 300만 원을 유죄로

받는 바람에 날아가게 생겼어요. 대법원에 상고를 했는데, 그때 그 백운계곡 상인들이 어느 날 현수막을 붙였더라고요. '우리는 이재명 도지사를 간절히 원합니다.' 우리가 시킨 게 아니었어요. 그 백운계곡이 경기도에 제일 유명한 데 있거든요, 악명 높은 계곡. 지금은 가장 많은 관광객이 봄·여름·가을·겨울 가릴 것 없이 찾아서 커피 마시고 그림도 그리고 사생대회도 하고 동네 청소도 동네 노인들이 일자리 사업으로 하는 이런 동네로 바뀌었습니다. 여하튼 행정은 그런 것이지요. 길을 만들어 줘야 하지 않습니까?"

(이재명, 군산 유세, 2025.5.16)

경기도는 2020년 4월 30일까지 불법 시설물 1,436곳 중 1,383곳을 철거했다. 이는 2019년 6월에 사업을 시작한 뒤 일 년여 만에 96.3%의 이행률을 보인 결과였다. 이후 경기도는 남은 곳에 대해 실거주 시설 등 불법영업 정도 등을 조사했고 구체적인 지원 대상과 지원 방식을 결정해 이주를 유도, 7월 말 정비를 완료했다. 이재명은 이후로도 수시로 계곡을 찾아 이행 상황을 점검했다.

확인문제

계곡 정비의 비결은?

심화문제

당신이 리더라면 10년째 갈등 상황인 광주광역시 민간·군 공항 이전 문제에 대해 이전 예정지인 무안군의 반대와 전남, 광주시의 이견, 국방부와 국토부 입장까지 얽히고설킨 이 현안을 어떻게 풀 것인가?

_ 인용자료

- [선문명답] 박영선이 묻고 이재명이 답하다 (박영선TV, 2021.9.7) https://youtu.be/EizXv8M_zgU?si=M9WAii3fVsFdVRQj
- [LIVE] 경기도는 벌써 내년 여름 준비! "계곡을 도민들에게!"(이재명TV, 2019.8.23) https://www.youtube.com/live/LhpoLXpJ-rs?si=X31YbvhsObbcDDaP
- 이재명 곁에서 함께해온 사람들, '이재명의 준비' (더봄, 112쪽, 2025.4.7)
- 이재명 대통령 선거 후보 전북 군산시 유세 전문 (더불어민주당, 2025.5.16)
- 경기도 계곡, 불법 시설물 없는 '깨끗한 환경'으로 탈바꿈 중 (경기도뉴스포털, 2019.10.24)
- 위정량, 이재명 "계곡 정비로 매년 발생한 물넘이 피해 사라져" (오마이뉴스, 2020.9.3)
- 경기도의 맑고 깨끗한 계곡이 돌아왔다! 경기도 청정 하천·계곡 복원 현장 취재기 (경기도민 기자단, 2020.6.5)

나의 생각

나의 질문

ⓒ 대한민국 대통령실

간부회의를 생중계하는 이유

ⓒ 대한민국 대통령실

성과를 높이는 회의 진행법

리더들이 업무시간의 절반 이상을 쏟는 일이 있다. '회의'이다. 조직이 제대로 가고 있는지, 앞으로 무엇을 어떻게 해야 할지는 결국 '회의'를 통해 결정되니까. 그런데 많은, 아니 대부분의 회의는 '회의적'으로 끝난다. 도대체 내가 왜 이 회의장에 앉아 있는지, 이럴 거면 왜 회의하는지, 짙은 회의감 속에 오늘도 숱한 회의들이 진행된다. 회의장 풍경을 보면 그 조직이 보인다고 한다. 형식과 의전만 있고 알맹이는 없는 가짜 회의라면, 그 조직이 그런 조직일 가능성이 높다. 조직의 리더가 그런 사람일 가능성이 높다. 어떻게 하면 활발한 의견 교환 속에서도 똑 부러진 결론을 도출하는 '살아있는' 회의를 할 수 있을까?

이재명의 회의 진행 방식은 우선 '시간 엄수'부터 출발한다. 천재지변이 없는 한 회의는 늘 정시에 시작된다. 시계를 보면서 꼭 정시에 갔다. 너무 일찍 가지도, 늦게 가는 건 더더욱 안 되고, 이런 그의 앞에서 회의 시간에 늦게 오는 이가 있다면 '시간 도둑질하지 마세요'라는 질책을 들을지도 모른다. 그는 시간에 관해 이런 철학을 갖고 있는 사람이니까.

"나의 1분은 성남시민의 90만 분이다.
나의 1분은 경기도민의 1,364만 분이다.
나의 1분은 대한민국 국민의 5,137만 분이다."

(이재명 곁에서 함께해온 사람들, 이재명의 준비, 2025.4.17)

성실한 회의 준비를 강조한다. 담당자가 보고 자료를 꾸밀 때부터 정확한 팩트와 구체적인 분석에 기반해 보고해야만, 이를 갖고 현명한 의사결정을 할 수 있다고 생각하기에, 그는 늘 보고 자료의 '팩트'부터 꼼꼼히 들여다본다. 특히 예산과 관련해선 소수점 자리까지 들여다본다. 어느 정도냐면… 그가 경기도지사로 일할 때의 일화이다.

"예산 관련 회의를 하는 도중 이재명 지사의 소요 예산 질문에 해당 기관장이 0.2~0.5% 정도라고 두루뭉술하게 답변했다. 그냥 넘어갈 수도 있는 상황이었고, 실제로 다들 넘어가는 분위기였다. 그때 이재명은 회의를 멈추고 자료 한쪽에 계산을 시작했다. 계산을 마친 그는 '지금 0.2%였을 경우와 0.5%였을 경우의 예산액 차이가 500억 원입니다. 이거 계산 제대로 한 거 맞나요? 정확히 얼마인가요?'라고 물었고, 기관장은 답변하지 못했다. 그 순간 자리한 공무원들이 얼어붙었다. 최종 결정이 아니라 과정이라고 생각해서 그 기관장은 두루뭉술하게 이야기했을 것이다. 그러나 이재명은 적어도 담당자가 자기 분야에서 넘겨짚듯이 말하는 것은 용납하지 않았다. 그때 나왔던 말이 '업무 방해하지 마세요!'였다."

(이재명 곁에서 함께해온 사람들, 이재명의 준비, 2025.4.17)

형식과 의전에 얽매이지 않고 회의를 '즉문즉답' 토론으로 바꿨다. 보통 업무보고라 하면, 간부들이 미리 준비한 자료를 잘 읽거나 요약해 설명을 한 뒤 질문이 있으면 답변하고 대부분 질문 없이 마치는 게 통상의 공직사회 업무보고 풍경이지만, 이재명이 도지사로 취임하자마자 경기도청의 업무보고 분위기는 이렇게 바뀌었다.

"실·국 업무보고도 단순 보고가 아닌 지사의 질의, 담당 간부의 응답 방식으로 바꿨다. 한 고위 공무원은 '기존에는 간부가 단순히 보고하는 수준이었는데, 이번에는 지사가 자료를 미리 검토하고 질의-응답으로 하겠다고 해서 긴장하고 있다. 앞으로 있을 국·과장 인사도 불안해한다'라고 분위기를 전했다."

(한겨레, 2019.10.19)

그러다 보니 이재명 취임 1주일 만에 공무원 노조 누리집에는 '폭풍 같은 지난 1주일이었다'라는 제목의 글이 올라왔다. 16년 만에 민주당 소속 도지사로 바뀌면서 도청 분위기가 확 바뀐 거다. 경기도의 회의 분위기만 바꾼 게 아니다. 더불어민주당의 회의 분위기까지 확 바뀌었다.

"이재명 더불어민주당 대표가 국회 입성 후 연일 색다른 회의 진행을 보여주고 있다. 발언 순서를 바꾸고 현안 관련 즉석 질의응답을 갖는 등 관행적으로 굳어진 정당 회의 방식에 변주를 주는 모습이다."

(문화일보, 2022.9.25)

보통 당 최고위원회의를 열면 참석자들이 '모두발언'이라는 형식으로 자신이 하고 싶은 말을 정해진 분량 내에 소화하는데, 발언 순서가 정해져 있다. 당대표가 제일 먼저 모두발언을 하면 그다음 원내대표, 수석 최고위원, 선출직 최고위원, 지명직 최고위원 순으로 발언해 왔다. 그런데 이재명은 그런 순서부터 바꿨다. 정치에서는 발언 순서가 정말 중요한데, 정해진 순서대로 발언하다 보면 언제나 가장 늦게 하는 사람이 고정되기에 공평과 정의를 추구하는 정당 정신에 맞지 않는다는 문제 제기였다. 그는 자신의 발언 기회를 다른 이에게 양보하며 회의를 시작했다.

"오늘부터는 최고위원회의 발언하실 분들이 좀 늘어나서

시간이 많이 소요될 것 같습니다. 그래서 오늘도 저는 좀 있다 하도록 하고, 우리 임선숙 최고위원과 서은숙 최고위원이 인사 삼아 처음이니까 먼저 발언하도록 양보하도록 하죠. (발언) 순서는 어떻게 되는 겁니까? 가나다순? 아니면 나이순? (웃음) (중략) 가나다 순서도 우연에 의해 순서가 정해지는 게 너무 억울하지 않습니까, 언제나 공평과 정의가 중요하잖아요. 순서 진짜 중요하죠. 정치에서는 그렇죠."

(이재명, 더불어민주당 최고위원회의, 2022.9.23)

발언 순서만 바꾼 게 아니라 비공개 전환도 허물었다. 보통 정당의 최고위원회의는 카메라 앞에서 돌아가며 모두발언을 한 뒤 이후 현안 토론은 비공개로 전환해 카메라 없이 하는 게 관행이었다. 이재명은 비공개 토론 없이 모든 토론을 유튜브로 생중계했다.

"돌아가며 모두발언을 한 이후 회의를 비공개로 전환해 현안을 논의하던 방식도 허물었다. 이 대표는 그간 회의에서 쌀값 폭락과 관련해 김성환 정책위의장과 박홍근 원내대표에 원

내 대책 마련 상황을 즉석 질의하고 그 자리에서 토론을 벌이기도 했다. 22일 민주당이 당론으로 채택한 '초부자 감세' 저지에 관해서도 이전 최고위 회의에서 대응 방안을 묻는 등 적극적인 해결 의지를 드러내기도 했다."

(문화일보, 2022.9.25)

혹자는 이런 유튜브 생중계를 두고 '보여주기식 행정'이라고 비판한다. 하지만 보여주기가 목적이라면 어쩌다 한두 번 정도이지 이재명처럼 거의 매번 공개회의를 고집할 필요는 없다. 회의가 공개되는 순간 보고를 올리는 공직자들뿐 아니라 회의를 주재하는 시장, 도지사, 당대표의 역량도 고스란히 여론의 심판대에 오르게 되기 때문이다. 서로에게 보통 부담스러운 일이 아니다. 그런데 왜 공개회의를 고집했을까, 이재명에게 회의 공개는 참석자들의 준비를 최고조로 끌어올려 최선의 결론을 도출하려는 강력한 '압박 장치'였기 때문이다.

"국무위원들의 발언을 전 국민이 지켜보게 되면 장관들의 업무 능력이 그대로 드러날 수밖에 없습니다. 그 자체로 능력

ⓒ 대한민국 대통령실

이 평가되는 셈이어서 장관들은 정책 대안을 철저히 준비하지 않을 수 없다는 계산입니다. 실제 이 대통령은 경기지사 시절에도 도청 간부회의 일부를 유튜브로 생중계했습니다. 국민이나 일선 직원들도 간부회의 논의 내용을 두루 파악하는 게 좋다는 취지였는데, 당사자들은 회의 준비와 업무 파악에 상당한 노력을 기울였다는 전언입니다."

(이충재, 오마이뉴스, 2025.6.23)

이재명은 도지사 취임 후 첫 번째 확대간부회의부터 유튜브 생중계를 시작했다. 보고를 받다 격의 없이 질문을 던지며 토론을 벌였고, 때로는 올라오는 시민의 댓글을 보며 실국장에게 이런 의견은 어떤가? 의견을 묻기도 했다. 질문 방식은 격의 없었고 때로는 유쾌했다. 2019년 3월에 열린 경기도 평생교육 확대간부회의 영상을 보던 중 빵 터지는 상황을 만나기도 했다. 딱딱한 공직자 회의를 보다 빵 터지다니….

이재명   요즘 홈스쿨링하는 사람도 많고, 그게 무슨 나쁜 짓도 아닌데, 학교를 가면 많은 지원이 되는데 학교를 안 가면 지원을 안 해준다… 사실 좀 문제 있죠. 우리 사회가 요구하는 인재의 특성이 개성과 창의인데, 일률적인 교육, 대량 생산 체제에 맞는 그런 사람을 만들어 내는 게 옳은 건지 모르겠어요. 여러분들은 어떠세요? 학교 안 가도 괜찮아, 라고 말하면 이상한가요?

경기도 균형발전기획실장   일단 학교에 가면 또래끼리의 사회생활을 통해서 사회화가 촉진되고 건전하고 다양한 관점을 배울 수 있다고 생각하는 면이 있습니다.

이재명   검정고시 출신이면 이재명처럼 될까 봐 걱정돼요?

좌중   (박장대소)

(경기도 평생교육국 확대간부회의, 2019.3.19)

    그는 특히 다양한 직급의 직원들이 참석하는 '확대간부회의'를 즐겨 했다. 실무자들까지 참석한 자리에서 '작은 아이디어라도 제안해 달라'며 자신의 연락처를 공개하곤 했다. 그 습관이 대통령 당선 직후까지 이어졌다. 현장의 의견을 경청해 정책 완성도를 높이려는 노력의 일환이었다.

"회의에는 기획재정부, 산업통상자원부, 국토교통부, 중소벤처기업부, 금융위원회, 한국개발연구원, 산업연구원, 대외경제정책연구원의 차관 및 정책 실무자들이 참석해 대미 통상 현황과 경기 부양 방안 등에 대해 논의했다. 오후 7시 30분에 시작해 밤 9시 50분까지 2시간 20분가량 이어졌다. (중략) 이 대통령은 작고 세세한 발상이나 입법적 요구 사항이 있다면 직급과 무관하게 언제든 제안해 줄 것을 요청했다. 개인 전화번호를 직접 실무자들에게 전달하며 '개인 소셜 미디어나 전화로 직접 알려 달라'고 했다. 강 대변인은 '회의 참석자들 모두 이재명 대통령의 개인 전화번호를 기록, 저장하면서 실질적인 경제 민생 문제 점검 회의가 이뤄졌다'라고 덧붙였다. 책임자급이 아닌 실무자급 공무원들과의 직접 대화는 이 대통령이 성남시장, 경기지사 등 단체장을 지낼 때부터 즐겨온 소통 방식이다."

(한겨레, 2025.6.5)

이처럼 밀도 높은 회의방식의 전환은 높은 성과로 이어졌다. 성남시장 시절에도, 경기도지사 시절에도 이재명 행정은 공약 이행률 최우등 성과를 내왔다.

"이재명 성남시장이 민선 6기 기초단체장 가운데 공약 이행 및 정보공개가 최고 수준인 것으로 평가됐다. 한국매니페스토실천본부가 전국 226개 기초자치단체(보궐선거 및 무투표 당선 지역 13곳 제외)를 대상으로 한 민선 6기 전국 시군구청장 공약 이행 및 정보공개 평가에서 ●공약 이행 완료 ●2015년 목표 달성 ●주민 소통 ●웹 소통 ●공약 일치도 등 5개 항목 종합 평가 결과 최고 등급인 SA등급을 받았다."

(성남시, 2016.7.12)

"이재명 경기도지사가 한국매니페스토실천본부 평가 결과 공약 이행을 가장 잘 실천하고 있는 자치단체장에 선정됐다. 경기도는 민선 7기 전체 공약 계획 대비 공약 이행 완료도가 51.78%로 전국 평균(37.18%)보다 14.6%p 높아 공약 이행 완료 분야에서 높은 점수를 받았다."

(경기도, 2020.5.26)

확인문제

이재명이 간부회의를 생중계 방식으로 공개한 이유는?

심화문제

민감한 지역 현안에 대한 공청회를 이재명식 타운홀 미팅 방식으로 바꾸고 이를 유튜브 생중계하려 합니다. 그러자 홍보 실무자는 '조회수는 얼마 안 나오는 반면 악성 댓글 등 부작용이 클 것'을 우려하고, 인사 책임자는 민감한 개인정보 유출을 우려하며, 간부들은 '준비에 너무 부담된다'라며 난색을 표합니다. 당신이 리더라면 회의를 어떤 방식으로 진행하겠습니까?

_ 인용자료

- 이재명 곁에서 함께해온 사람들, '이재명의 준비' (더봄, 2025. 4. 17)
- 이재명 지사, 매니페스토 공약 이행 평가 2년 연속 '최고 등급' (경기도뉴스포털, 2020. 5. 26)
- '이재명 성남시장, 투명하게 공개하고 철저하게 지킨다' (성남시, 2016. 7. 12)
- 엄지원, 이 대통령, 경제부처 실무자들에 "작은 발상도 언제든 전화 달라" (한겨레, 2025. 6. 5)
- 이충재, 이 대통령의 공직사회 '장악법' (오마이뉴스, 2025. 6. 23)
- 이은지, '발언 순서 바꾸고 즉석 질답… 이재명, 색다른 회의 진행, 왜?' (문화일보, 2022. 9. 25)
- '3월 확대간부회의' 영상 (경기도, 2019. 3. 19) https://gnews.gg.go.kr/news/news_detail_m.do?number=201903192245264277C048&s_code=C071
- [생방송] 이재명 당대표 주재 더불어민주당 현장 최고위원회의 (더불어민주당, 2022. 9. 23)

나의 생각

나의 질문

ⓒ 대한민국 대통령실

기본소득, 대통령이 할 고민을
왜 시장이 하고 있지?

기본소득 강연하는 이재명 성남시장(2017.1.18)

자연스럽게 인지도와 체급이
높아지는 방법

어떻게 하면 인지도를 높일 수 있을까, 내 체급을 높일 방법은 무얼까, 리더들이 갖고 있는 현실적인 고민이다. 홍보 전담 부서 강화? SNS? 인플루언서 활용? 기자들과의 관계?… 크게 와닿지 않을 거다. 다들 이렇게 접근해 보지만 재미를 보는 조직은 극소수에 불과하니까. 어떻게 하면 좋을까? 이재명이라면 아마 SNS 활용법이나 홍보전략 대신 이런 질문을 던질지 모른다. 중요한 건 '콘텐츠'인데, 지금 당신 업무의 질감과 체급은 과연 이 시대 사람들에게 꼭 필요한 것인지부터 돌아보라고.

"시장이 대통령이 고민할 걸 고민하고 있네?"

김어준의 의문이었다. 단 한 번도 우리 정치의 주역으로 떠오른 적 없는 기초단체장(시장)이, 대통령이 될 것 같지도 않은데, 그 코스로는 대통령이 될 수 없는데, 그런데 대통령이 할 고민을 왜 하지 이 사람이? 독특한 사람이 등장했네… 그게 방송인 김어준이 성남시장 이재명을 보면서 품은 의문이었다. 도대체 그는 뭘 보고 이렇게 생각했을까, 무수히 많은 장면이 있다. 그중 가장 눈길을 끄는 장면은 지난 2016년 1월, 이재명 당시 성남시장이 시의회에서 성남시의원들을 상대로 정책 질의 답변을 할 때의 모습이다. 그는 복지 예산의 형평성을 묻는 시의원들의 질문에 대해 자본주의 단점을 보완하는 새로운 복지 트렌드를 거론했다. 바로 '기본소득' 개념이었다.

"자본주의 체제를 보완하기 위해서 만들어졌던 복지 정책이 최초 시행될 때도 많은 사람들이 이렇게 말했습니다. '일하지 않는 자는 먹지 말라. 일하지 않는 자에게 왜 무상으로 공짜로 밥을 주고 주거를 지원하느냐 굶으면 일할 것이다.' 그러나 자본주의 체제 자체를 보완하기 위해서 그들에게 복지 정책을 시행하는 것이 오히려 그들을 노동 시장으로 복귀시키고 자본주의 체제를 유지 강화하는 데 도움이 된다는 판단에서 복지 정책은 시행됐고 확대됐습니다. 그래서 이 복지 정책은 세계적인 누구도 부인하지 않는 보편적인 정책으로 자리 잡았습니다. 이제 이 복지 정책이 한계에 봉착하고 있습니다. 그 한계를 극복하기 위해서 이제 유럽의 선진국들이 '기본소득' 제도를 도입하고 있습니다. 모든 국민에게 또는 특정한 조건을 갖춘 국민에게 소득, 수입, 자산, 기여와 관계없이 일정한 소득을 보장하는 것입니다."

(이재명, 성남시의회, 2016.1.28)

성남시장 시절 이재명은 '청년배당·무상산후조리·무상교복 지원' 등 3대 무상복지 사업을 시도했다. 당시 박근혜 중앙정부는 지방자치단체의 독자적 복지 정책에 대해 잇단 제동을 걸고 있는 상황이어서 〈3대 무상 시리즈〉는 여론의 비상한 관심을 모았다. 일부 언론에선 어떻게든 튀어보려는 포퓰리즘이라고 비판했다. 그러나 당시 성남시는 무상복지만 시행한 게 아니라 우선 빚부터 다 갚고 기본적인 복지 예산을 확충해 가며 아끼고 아낀 여력으로 '무상복지'라는 실험을 시도하고 있었다.

"일부에서 성남시의 3대 무상복지 정책을 두고 왜 더 어려운 시민들을 버려두고 이런 복지 정책을 하느냐고 지적합니다. 일리가 있습니다. 그러나 우리는 이미 빚을 갚고 나서 확보된 가용 예산으로 노인 일자리 사업을 포함한 노인복지 예산을 대폭 증액했고, 장애인 예산을 2배가 넘도록 증액했습니다. 그뿐 아니라 출산, 보육, 육아 지원에도 막대한 금액을 지출한 걸 (성남시의원) 여러분도 의결 과정을 통해 충분히 알고 계실 겁니다. 그뿐 아닙니다. 200억 원이 넘는 오직 성남만의 교육 복지 정책도 시행 중입니다."

(이재명, 성남시의회, 2016.1.28)

그런데 왜 굳이 기본소득 실험을 시작했을까? 그것은 당시 대한민국의 리더라면 누구나 풀어야 했지만 누구도 풀 수 없었던 시대적 과제와 연관되어 있다. 저출생과 저성장, 그런 가운데 너무 빠르게 진행되는 사회 양극화와 청년 실업, 도대체 이를 어떻게 풀어야 할까? 노무현의 민주당 정부는 '복지국가'에서 길을 찾고 토대를 닦았지만, 증세에 대한 저항 극복 등 구체적 실현 방법을 마련할 여력도 없이 정권을 넘겨줬다. 이후 사회 양극화는 더 빠르게 진행됐고 복지국가의 꿈은 남의 나라 일, 아니 불가능한 꿈이 돼버렸다. 청년 일자리는 질 낮은 비정규직 일자리 양산으로 귀결되고 있었고, 그 어려운 과제를 성남시장 이재명은 자신의 권한인 성남시장직에서부터 풀고자 했고 그 일련의 해답으로 기본소득을 지향하는 지역형 정책 패키지인 '무상 시리즈'를 출시했다.

"이제 더 큰 여력을 만들어서 우리가 청년… 대한민국 유사 이래 가장 어려운 계층으로 취약 계층으로 전락해 버린 희망을 잃어버린 우리 청년들을 위해서 우리가 만들어 줄 수 없는 일자리 대신에 그들의 역량을 확장시키고, 우리 지역 골목 상권을 좀 더 활성화시킬 수 있는 지역화폐 '성남사랑 상품권'을 도입했습니다. 어제 우리 성남시 상인연합회 임원 여러분들이 방문하셔서 성남시의 복지 지출을 상품권으로 하는 것에

'성남시 3대 복지정책'을 전면 시행한다고 밝히고 있다.(2016.1.4)

대해서 더 확대해 달라는 요청과 함께 우리의 성남시 복지 정책을 지지한다는 입장을 전달받았습니다."

(이재명, 성남시의회, 2016.1.28)

그에게 복지는 단지 복지가 아니었다. 지역경제 살리기이자 사회 활성화였다. 성남시에 거주하는 특정 연령 청년이면 누구에게나 지원하는 '청년배당'이라는 보편적 복지 상품에 '지역화폐'(상품권)라는 수단을 결합시켜 지역 상권 활성화로 이어지는 '결합상품'으로 고안했다. 보편적 복지가 갖고 있는 중첩적 정책 효과를 극대화시켜 저항은 줄이고 지속가능성을 늘린 거다. 이는 당시 전국을 흔든 '무상급식'의 성공에서 예견된 효과였다. 무상급식은 단지 결식아동을 위한 복지 정책이 아니라, 자녀에게 건강한 먹거리를 먹이고 싶어 하는 학부모 요구 실현이자 먹거리 교육이었고, 친환경 농민들에게는 안정적인 판로를 열어주는 경제정책이었다. 이런 1석 3~4조의 중첩적 정책 효과를 갖고 전국의 모든 학교 현장에서 빠르게 정착됐고, 누구도 흔들 수 없는 성공을 거둔 무상급식 정책은 사실 중앙정부가 내리꽂은 게 아니라 대한민국 지방자치가 시민들과 함께 만들어 낸 '지방자치의 선물'이었다. 이재명은 뼛속까지 지방자치주의자였다. 그는 시장이나 군수가 대통령이나 정당 대표의 부하도 하급 기관도 아닌, 국민에 의해 선출된 똑같은 시민의 공복으로서 헌법에 명시된 국민 복지 증진을 위해 최선을 다해야 한다고 믿는, 지방자치주의자였다.

"우리는 시민들이 직접 선출한 시장이고 시민들이 직접 선출한 의원입니다. 헌법이 부여한 성남시의 자치권을 지키고 우리 주민들의 복지를 증진시키기 위해서 총력을 다할 의무가 있습니다. 우리 헌법은 이렇게 정하고 있습니다. 국가는 국민의 사회복지, 사회 보장의 증진에 노력할 의무를 진다. 국민의 복지를 증진시키는 것은 국가의 의무이고, 자기의 삶을 개선하기 위해서 복지를 요구하는 것은 세금을 내는 주권자인 국민의 권리입니다. 복지를 확대하는 것은 불쌍한 시민들을 골라서 시혜적으로 해주는 혜택이 아닙니다. 시민이 내는 세금을 아껴서 필수 비용에 최소한으로 지출하고 시민들의 삶을 개선하는 복지비용에 최대한 지출하는 것은 우리의 의무이기도 합니다."

(이재명, 성남시의회, 2016.1.28)

이런 이재명의 기본소득 실험은 2018년 경기도지사 당선 이후 더욱 정교화된다. 특히 코로나19라는 예측하지 못한 사회재난이 발생해 민생경기가 바닥을 쳤을 때 더 빛을 발했다. 청년 기본소득을 분기별 25만 원씩 연 100만 원 지역화폐로 지급했고, 전국 최초로 모든 경기도민에게 재난기본소득을 1차, 2차, 3차 각각 10만 원씩 역시 지역화폐로 지급했다. 농촌 주민들에게 월 15만 원씩 지급하는 농촌 기본소득 시험사업을 시작하기도 했다. 일관되게 그는 돈을 직접 나눠줬다. 자연스럽게 포퓰리즘 비판도 더 거세어졌다. 경제위기가 닥쳤을 때 댐을 짓거나 도로를 닦는 등 대규모 토건 사업을 통해 돈을 돌게 만드는 전통적인 해법과는 전혀 다른 해법이었으니까. 하지만 그는 이렇게 답했다. 그때는 댐을 짓는 게 맞았지만, 지금은 돈을 나눠주는 게 맞다고.

"코로나 사태로 인해서 사실 사람들이 경제 활동을 거의 안 하고, 그러다 보니까 자영업자나 기업의 위기가 현실화되고 있지 않습니까? 그러면 이걸 이겨내야 하는데, 과거와 같으면 생각하는 방식이 아주 단순합니다. 바로 토목 공사 시작합니다. 어디다 다리 놓고 이 도로 뚫고 어디 건물 짓고 이런 걸 시작했죠. 과거에는 그게 경기 부양에 실제로 도움이 됐습니다. 왜냐하면 많은 사람들이 삽과 괭이를 들고 달려들고 인건비를 받아서 먹고 살 수 있었으니까요. 그런데 지금은 과연 그런 방식의 경기 부양 정책이 과연 효과가 있겠느냐 보면, 어디 다리를 놓으면 크레인으로, 터널을 뚫으면 기계로, (많은) 사람들이 필요하지 않습니다. 그 기업만 도움이 되죠. 그럼, 우리가 경기 부양 정책을 할 때 과거처럼 토목 공사 아니면 기업 지원 이런 방식으로 과연 유용한 결과가 도출될 수 있겠느냐는 측면에서는 매우 회의적인 겁니다."

(이재명, 경기도지사 시절 영상, 2020.6.16)

그는 AI와 로봇이 쏟아져 나오는 4차 혁명 시대의 본질은 인간의 노동을 인공지능이 대체하며 짧은 노동으로도 높은 생산성을 얻는 것인데, 이걸 그냥 놔두면 부의 독점은 더 심해지고 일자리를 얻지 못한 서민들의 지갑이 비며, 이는 곧 소비둔화로 이어져 결국 만성적 경제위기로 이어진다는 생각을 하고 있었다. 2020년에, 그래서 이렇게 제안했다. 기업을 직접 지원

할 게 아니라 최종 소비자인 국민을 직접 지원하자, 비어 있는 최종 소비자의 지갑을 채워주는 정책이 곧 기업의 투자도 활성화하는 최선의 경제정책이라고.

"지금의 위기는 최종 소비자들의 주머니가 비고 있다는 뜻이죠. (그래서) 최종 기업인이라고 할 수 있는 자영업자들이 위기를 겪고 있는 겁니다. 이럴 때 기업을 지원하는 방식이 과연 경제의 이 흐름을 좀 이렇게 제어하고 활성화되는 데 도움이 되겠느냐 하면 회의적일 수밖에 없습니다. 그래서 많은 사람들이 생각해 낸 거죠. 재정으로 국민한테 돈을 나눠주고 쓰게 하면 이게 바로 길이겠네 하게 된 거죠. 이제는 기업이 돈이 없어서가 아니라 투자할 곳이 없는 그런 시대에는 기업에 대한 직접적 지원은 별로 효과가 없고 기업이 활동해야 될 상대인 소비자 국민 다수 대중에게 직접적인 소비 여력을 올려 주는 거, 가처분소득을 올려 주고 그걸 실제로 쓰게 하는 거, 이게 오히려 경제 활성화에 도움이 된다는 생각들을 많은 사람이 자연스럽게 하게 된 겁니다."

(이재명, 경기도지사 시절 영상, 2020.6.16)

이 대목에서 당연히 질문이 쏟아지게 된다. 그렇다면 재원 마련은 어떻게 할 것인가, 곳간이 비어 있는데 나눠줄 돈이 어디 있는가, 증세를 한다면 어느 누가 좋아할 건가…. 그런데 2020년 이재명의 인터뷰를 보면 이미 그런 증세 저항에 대한 구체적인 대안까지 마련하고 있는 단계의 답변을 읽을 수 있다.

"저항 없이 증세하고 기본소득을 도입할 방법이 있습니다. 모든 국민에게 골고루 나눠주는 데 사용될 세금을 별도로 만들자. 기본소득형 국토보유세인데, 우리나라는 부동산 투기나 부동산에 의한 불로소득이 국민 소득의 4분의 1을 넘을 정도로 심각한 문제이니, 또 서구 선진국에 비해서 국토보유세가 너무 낮으니, 서구 선진국 수준의 절반이라도 또 3분의 1 수준이라도 세금을 제대로 부과하고 최소한 온 국민의 기본소득용으로만 쓰자고 한다면, 저는 국민의 거의 대부분은 동의하실 거라고 봅니다.

예를 들면 환경세 같은 걸 부과할 수도 있고 탄소 많이 배출하는 기업이 세금을 내면 그건 온 국민이 골고루 기본소득으로 나눠 갖고 소비할 수 있게 하자라고 한다면 저항이 없어도 됩니다. 압도적 다수는 탄소를 많이 배출하지 않거든요. 또 예를 들면 로봇의 인공지능세, 인공지능을 만들어 생기는 이익을 모두 최종 개발 사업자가 다 가지는데 그게 최종 개발 사업자 혼자만 만든 것이냐는 생각을 해보면 아니죠. 왜냐하면 국민 세금으로 만든 인프라들, 우리가 가진 조상 대대로 물려온 문화, 우리 모두가 함께 만든 기술, 우리 모두가 투자한 교육 수준 이런 것들을 다 합친 총합체 아닙니까? 그럼, 거기서 작은 투자로 엄청난 이익이 생겼을 때 그걸 혼자 가질 게 아니라 우리 국민 모두가 가질 수 있게 일부를 떼어내 골고루 나누고 그 소비를 통해서 다시 경제가 활성화되고 거기서 다시 또 이익이 생기고 이렇게 간다는 측면에서 본다면 저는 세금은 얼마든지 만들어 낼 수 있다고 생각합니다. 세금을 내는 게 우리 국민을 위해서 제대로만 쓰인다면 얼마든지 세금을 더 낼 용의가 있다는 것입니다.

그런데 문제는 그 세금이 정말로 국민을 위해 쓰이는지 확신할 수가 없고 대체적으로 불필요한 곳에 낭비되고 있는 것 같다는 게 이제 이 납세하는 국민의 생각이라는 겁니다. 단 1

원의 누수도 없이 우리 국민 모두에게 골고루 지출된다, 그런 세상을 우리가 못 만드는 건 아니거든요. 다만 지금까지 안 해봤을 뿐입니다. 지금까지 세금은 그냥 국가의 필요 때문에 경비를 갹출하는 거예요. 경비를 내는 사람과 쓰는 사람이 다릅니다. 경비를 내는 사람들은 자기한테 혜택이 없이 뺏긴다고 생각해요. 그 세금은 나쁜 거다, 증세는 나쁜 거다, 이렇게 생각하는데, 이제 세금이 제대로 공평한 기회 공평한 배분을 통해서 자본주의 경제 시스템이 제대로 작동하게 만들고 모두가 행복하고 혜택을 받고 그것이 오히려 우리 사업자들에게도 기업인들에게도 훨씬 더 많은 기회를 만들어 준다고 확신하는 그런 시대가 저는 만들어질 수 있다고 봅니다. 저는 그 첫 출발이 기본소득이라고 생각합니다."

(이재명, 경기도지사 시절 영상, 2020.6.16)

5년 전 기본소득 인터뷰를 보다 보면, 얼마 전 제21대 대통령으로 당선된 그가 강조했던 대표 공약들이 언뜻언뜻 스쳐지나간다. 어쩌면 이재명에게 AI(생성형 인공지능)는 어떻게든 외국이 아닌 한국이 주도하는 선도모델 생태계를 만들기 위해 아낌없는 지원을 하고, 그 과실을 기업의 독점이 아닌 온 국민을 위한 기본소득 재원으로 쓰려는 복선 아닐까, 그에게 '재생에너지'란 기후위기 대응을 위한 '비용 처리'가 아니라 재생에너지 소득이 전남 신안처럼, 여주 구양리처럼, 주민 복지와 기본소득으로 쓰일 미래를 위한 '투자' 아닐까, 그에게 공공개발과 부동산 정책이란 시민들에게 적정 가격을 공급하되 그 과실을 모두를 위해 나눌 '공유자원 분배 형식' 아닐까, 기본소득 정책이 사라진 게 아니라 더 구체화되어 곳곳에 내재되어 있음을 감지한다. 이처럼 성남시장 시절부터 경기도지사와 당대표를 거쳐 대통령에 이르는 동안, 그는 그 시대 가장 풀기 어려운 최고난도의 문제들을 회피하지 않고 정면으로 풀어내면서 다양한 정책 경험을 쌓으며 체계화시켜왔다. 본질을 회피하지 않는 정면 대응, 그 결과는 그를 찬성하는 사람은 물론 반대하는 이들 사이에서도 확실한 인지도 상승으로, 체급 상승으로 이어졌다.

"정부에서 총력을 다해 막고, 언론들이 정치적 목적으로 심하게 침소봉대해서 이 (무상복지) 정책이 마치 성남시 복지 정책의 전부인 것처럼 전 국민에게 알려지게 됐습니다. 일면 다행으로 생각합니다. 많은 시민이 성남시에 살고 있다는 사실을 자랑하고 자부심을 느끼고 있습니다. 많은 국민이 성남시로 이사 오고 싶다는 표현을 하고 있습니다. 성남시는 이제 전국에서 가장 복지 정책이 잘 갖추어진 복지 도시로 인식되고 있습니다."

(이재명, 성남시의회, 2016.1.28)

기본소득만 그런 게 아니다. 또 있었다. 남북 갈등, 우리 대통령은 물론 최강대국 미국 대통령도 풀어내지 못하는 이 문제를 경기도지사 시절 이재명은 이렇게 접근했다.

"살인 부메랑 대북 전단의 피해를 왜 경기도민이 감당해야 합니까?"

(이재명, SNS, 2020.6.18)

그는 2020년 6월 17일 의정부시 능곡로 한 주택 지붕에 대북 전단 추정 낙하물이 떨어져 지붕 슬레이트 일부가 파손되자, 행정력을 총동원하여 '재물손괴' 등의 혐의로 경찰서 고발 조치를 추진했다. 한 보수 인사가 이를 비난하며 '이재명 지사 집 근처에서 대북 전단을 살포하고 이를 막으면 수소 가스통을 폭파하겠다'라고 위협하는 글을 SNS에 올리자, 이 지사는 '방종과 분탕질로 자유를 훼손하는 이들에겐 엄중하게 책임을 묻고 질서를 알려줘야 한다'라며 강력 대응 방침을 밝혔다. 그리고 6월 22일 밤 경기도는 4개 대북 전단 살포 단체를 사기 및 자금 유용 등의 혐의로 경기도 북부 지방경찰청과 서울특별시 지방경찰청에 수사 의뢰했다.

"대북 전단 낙하물이 의정부의 한 가정집 위에서 발견됐다는 신고가 어제 들어왔습니다. 현장을 조사해보니 전단과 다수의 식료품이 한 데 묶여있었고 지붕은 파손돼 있었습니다. 이곳 주변으로 대규모 아파트단지들이 밀집해 있는 터라 자칫 인명피해 가능성도 있었습니다. 길을 걷던 아이의 머리 위로 이 괴물체가 낙하했더라면 어떠했겠습니까? 정말이지 상상조차 하기 싫은 끔찍한 일입니다. (중략) 왜 우리 도민들이 이런 위험에 노출되어야 합니까? 반평화(反平和) 행위를 엄단하고 도민의 생명과 안전을 지키는 것은 진정한 안보이자 도지사의 책무입니다. 평화 방해하고 도민 안전 위협하는 '살인 부메랑' 대북 전단 살포를 결코 용납할 수 없습니다."

(이재명, SNS, 2020.6.18)

이후 이재명은 대북 전단 담당 부서뿐 아니라 도민 안전과 관련된 소방 안전부서부터 인허가 관련 부서까지 거의 모든 부서 공직자와 함께 대북 전단 대응책을 모색했다. 그 결과 대북 전단 살포를 도민의 생명과 안전을 위협하는 행위로 정의하고 김포와 고양, 파주, 포천, 연천 등 접경지역을 위험구역으로 지정해 전단 살포 행위를 원천 봉쇄시켰다. 국회에 관련 법 제화를 꾸준히 제안해 2020년 12월 29일 국회에서는 대북 전단 살포에 대한 처벌 규정을 명시한 '남북관계 발전에 관한 법률 일부 개정 법률안'이 통과됐다. 그 무렵 이재명은 강력한 봉쇄정책과 함께 한편으로는 탈북민의 처우개선을 위한 간담회를 여는 등 탈북민 지원책 마련에도 힘을 썼다.

이 외에도 성남 시절 메르스 감염병 적극 행정, 경기도지사 시절 코로나 관련 신천지 적극 행정 등 중앙정부도 주저하던 일을 과감하게 풀어나간 사례는 수두룩하다. 대통령이 할 고민을 왜 시장이 하고 있느냐는 의문이 충분히 들 만큼. 그런데 이런 사례들을 들여다보면 하나의 공통점이 잡힌다. '나는 시민들이 직접 선출한 시장이다…' 이재명이 성남시의회 총괄 답변에서 했던 그 말이다.

"우리가 중앙정부를 대신하는 중앙정부의 산하 기관이거나 중앙정부의 하급 기관이 아니기 때문입니다. 우리는 시민들이 직접 선출한 시장이고 시민들이 직접 선출한 의원입니다."

(이재명, 성남시의회, 2016.1.28)

확인문제

기본소득은 복지 정책인가, 경제 정책인가, 사회 정책인가?

심화문제

당신이 시장이라면, 다보스 포럼에서 2년 연속 최우선 의제로 꼽힌 기후위기, AI 경제 문제에 대해 어떤 접근법을 가진 시정책을 발굴해 보급할 계획인가요?

_ 인용자료

- 이재명 시장의 2016년 1월28일 성남시의회 제216회 제2차 본회의 총괄 답변 영상 (이재명TV, 게시 2016. 4. 8) https://youtu.be/J_TxXOMI4gM?si=Y082giK-vFSQw99c
- 이재명 경기도지사의 기본소득 이야기 (경기도, 이재명TV, 2020. 6. 16) https://youtu.be/DaGm8pshNsQ?si=G-rZ_yd1GIlnqwr3
- 김어준, 박구용의 겸손을 힘들다 뉴스공장 발언을 발췌한 짧은 영상 '저는 성남시장 이재명이 참 이상하다 생각했어요' (지구뉴스, 2025. 7. 25) https://youtube.com/shorts/Jz_YJsAhVAM?si=SGKR5d0V-ovheX9f
- 김기성, "이재명 성남시장 '3대 무상복지' 강행 선언" (한겨레, 2016. 1. 4)
- 이준균, '이재명 지사, 4개 대북 전단 살포 단체 경찰에 수사 의뢰… 사기·자금 유용 혐의' (경기도뉴스포털, 2020. 6. 23)
- 박건, 이재명 경기도지사 노력 결실… '대북 전단 살포 금지법 통과' (경기신문, 2020. 12. 2)
- 남북관계 발전에 관한 법률 [시행 2021. 3. 30.] [법률 제17763호, 2020. 12. 29. 일부개정]

나의 생각

나의 질문

ⓒ 대한민국 대통령실

재난에 대처하는 법

일상의 구체적 현장점검에서 시작하는 위기 대응

갈수록 날씨가 이상해지고 있다. 전 지구적 기후위기로 인해 한반도 주변 바다 온도가 훌쩍 높아졌고, 이로 인한 기습 폭우와 산사태, 대형 산불이 점점 더 잦아진다. 기후 재난의 일상화⋯ 어떻게 대처해야 할까, 보다 구체적인 상황을 제시한다. 만일 당신이 초여름에 시장이나 군수로 당선된 직후 제주도부터 장마가 시작됐고 극한 폭우와 산사태가 예고될 때, 당신은 무엇부터 시작할 것인가, 어떤 방식으로 재난으로부터 시민들의 안전을 지킬 것인가?

흔히 이 거대한 자연 재난에 대응하는 방식을 거대한 예산과 많은 시간을 투입해야 하는 문제로 본다. 높은 옹벽이나 지하 깊은 곳에 설치하는 대규모 빗물 터널 등, 하나같이 막대한 돈과 시간이 필요한 준비이기 때문이다. 그런데 이재명의 접근방식은 다른 것 같다. 그는 100년 만의 폭우, 200년 만의 폭우 등 불가항력 자연재해도 물론 오지만, 대부분 일상 속 구체적인 점검만 잘해도 막을 수 있는 인재가 많으며, 이를 막기 위한 일상의 점검과 이를 수시로 점검하는 재난 대응 공직자들의 사기 앙양과 책임 의식 고취를 제도화시키는 걸 최우선 과제로 본다. 당장 할 수 있는 걸 하면서 돈과 시간이 필요한 부분은 그 부분대로 차근차근 추진해 나가자는 현실적 대응 방식이다.

이재명의 재난 철학이 잘 드러난 건 그가 대통령으로 당선된 1주일 뒤 제주도에서 장마가 올라오기 시작할 무렵인 6월 12일, 한강홍수통제소에서 80분간 진행된 현장 회의였다. 이날 그는 환경부 장관, 한강홍수통제소장, 행정안전부 재난관리본부장 등 중앙부처 재난 수뇌부뿐 아니라 경상북도와 평택시의 재난 담당자들까지 불러 홍수와 산사태, 산불 대응까지 점검했다. 그의 책상 앞에 놓인 보고 자료에는 기후위기로 인해 기존 재난 대응 최대치인 시간당 90㎜ 강우량을 뛰어넘는 시간당 145㎜까지 오는 상황에 대한 대규모, 최첨단 예보 시스템 구축에 관한 대책들이 놓여 있었는데, 이를 미리 살펴본 이재명 대통령이 현장에서 제일 먼저 던진 질문은 대규모 빗물 터널도 첨단 예·경보시스템도 아닌 도로변 '빗물받이' 점검이었다. 빗물이 빠져나가는 우수관이 쓰레기 등으로 막혀있어 홍수 피해가 더 커지는, 어처구니없지만 흔히 일어나는 이 문제만큼은 확실하게 풀고 넘어가겠다는 의지였다.

대통령 사실은 (지대가 낮은) 강남역 인근 말고 다른 지역에서도 물이 흘러 내려오면 안 되고 거기서도 빠져서 한강으로 나가야 되잖아요. 그런데 그것도 우수관거, 소위 우수관(예, 예) 그 관리를 좀 잘하면 피해를 줄일 수 있잖아요. 모이는 용량을 줄일 수 있지 않습니까? (예, 맞습니다.) 그런데 그 관리는 잘되고 있는 거예요?

행안부 재난안전관리본부장 예예, 그걸 하고 있습니다.

대통령   진짜로?

본부장   예, 그래서 제가 좀 많이 괴롭히고 있는 편인데, 현장에 가서 (그럴 수밖에 없어요) 예, 여기는 상습 침수 지역이기 때문에….

대통령   그런데, (이건) 다른 데 경험인데, 실제로 (현장에서는) 우수관을 거의 들여다보지 않더라고요. 그냥 방치해 놓더라고요? (예, 그것 때문에) 다 긁어 내야 되는데, 실제로 잘하는지 불시 점검이라도 하고 그러시나요?

본부장   제가 지난번에 대통령께서 말씀을 주셔 가지고, 바로 직후 현장에 나가서 강남하고 서초 싹 뒤졌습니다.

대통령   그랬더니 어땠어요?

본부장   좀 시원찮은 데가 많이 있어 가지고 확실히 경고를…

(중략)

대통령   그러니까 앞으로는 봐 가지고 우수관거 관리 잘 안 하는 거 눈에 띄면 징계하죠. 돈이 없어 못 하는 것도 아니잖아요. 사실 요즘은 옛날에는 돈이 없어서 못 한 것도 있었거든요. 요즘은 자치단체든 정부든 돈이 없어서 시설물 관리를 못 한다? 그런 상황은 별로 없어 보이는데 좀 어떤가요? 돈이 없어서 못

하는 경우도 많나요?

본부장 그런 경우도 일부 있습니다.

대통령 돈이 없어서 관리 못 한다는 자치단체에 지금 빨리 신고하라고 하세요. 그래야 나중에 돈 없어서 못 했다는 소리 못 하니… 진짜로 시설물 유지보수, 새로운 시설물을 만드는 건 돈이 너무 많이 드니까. 그런데 기존에 있는 우수관 관리는 결국 인건비 아닙니까? (네) 파내는 거 아니에요? 그게 돈이 없어서 못 하는 자치단체가 있으면 신고하라고, 그래서 돈을 대주도록 하시고, 그런데도 관리 엉터리로 해 가지고 이런 수해가 발생하면 나중에 문책을 아주 세게 하도록 하죠. (그렇게 하겠습니다.) 다음으로 넘어가시죠.

(이재명 대통령, 한강홍수통제소 홍수예·경보시스템 점검 회의, 2025.6.12)

회의 직후 관련 부처들은 곧바로 대책 마련에 돌입했다. 실태 파악에 나섰고, 대안을 찾고 제도개선에 나섰다. 한 달 만에 효율적인 대책을 만들어 보고했다. 도로변 빗물받이를 청소하는 방식이 지자체마다 다른 게 문제였는데, 다양한 방식을 비교해 봤더니 가장 좋은 방식은 준설 차량을 보유한 외주 업체에 맡기는 게 좋더라는 결론이었다.

"이 대통령 지적이 있은 뒤 환경부가 실태를 파악해 봤더니, 빗물받이 청소 방식이 각 지자체마다 다양했습니다. 별도 관리 인력을 채용하는가 하면 그때그때 공공근로에 맡기기도 하는데, 준설 차량을 보유한 외주 업체에 맡기는 게 비용 대비 가장 효율적인 것으로 파악됐습니다. 쓰레기도 문제지만, 빗물받이에 흘러 들어간 흙모래가 가장 골치인데 강한 공기 흡입 장치로 빨아들이는 방법입니다. 이 같은 준설 차량 보유 업체에 외주를 맡길 수 있도록 환경부가 관련 고시 개정안을 만들어 다음 주 입법 예고할 계획입니다. 또, 현 규정상 빗물받이 등 하수관 청소를 연 1회 이상 장마철 이전에 완료하도록 돼 있는데, 태풍으로 인한 침수 피해가 가을철까지도 계속되는 만큼 청소 시기와 횟수를 늘리라는 내용도 포함할 방침입니다."

(SBS, 2025.7.10)

답은 현장에 있다. 이재명의 현장 중심 재난 대응은 성남시장 시절부터 진화해 왔다. 성남시 행정자료를 보면, 그가 2012년 8·15 광복절 행사가 끝난 직후 폭우 속에 현장점검을 다닌 기록이 나온다. 큰 우산을 쓰고 공직자들과 함께 재난 위험 지역을 다녔는데, 백현초등학교 앞 도로변에서 뭔가를 뚫어지게 들여다보는 사진이 있다. 역시 그는 도로변 빗물받이의 청소 상태부터 보고 있었다.

"제가 성남시장이 돼서 2년째 되는 해 수재가 자꾸 같은 장소에서 발생하기에 제가 공무원들 보고 '성남시 지도를 만들어서 연도별로 수재 피해가 난 데를 스티커를 붙여봐라' '수재지도를 만들라'고 했어요. 예를 들면 작년은 빨간색, 재작년은 파란색, 그전에는 노란색, 그전에는 보라색 이런 식으로 붙이는 거죠. 그걸 붙여놓고 보라고 했어요. 그랬더니 한 장소에 집중적으로 붙어 있습니다. 무슨 말이냐, 사고 나던 데, 침수되던 데가 계속 침수가 되는 거예요. 그래서 그 원인을 분석해 보자 전원이 다 모여서 여기는 하수도가 막혀서 그런다, 여기는 배수가 안 돼서 그런다, 여기는 구조적으로 하수관로가 작아서 그렇다. 그래서 그 원인별로 제가 다 찾아서 낙엽이 흘러 내려

와서 막혀서 자주 물이 넘치는 곳은 낙엽이 흘러내리지 못하게 위쪽에 방어 시설을 만들고, 배수가 안 되는 데는 전부 여름 오기 전에 모든 지역의 우수관을 전부 다 비워냈죠. 다 다시 치우고. 영 구조적으로 문제가 있는 성남공항 앞은 아예 하천을 새로 만들었어요. 그래서 결국은 그다음 해, 그다음 해부터는 수재가 거의 없는, 더 이상 스티커를 거의 붙이지 않는 성남시가 됐죠."

(이재명, 안산 유세, 2025.5.24)

그는 빗물받이만 점검한 게 아니다. 산사태 위험 지역에 가서 배수로 위에 올라가 담당자들과 실무적인 토론을 벌였다. 재개발 지역에서 반지하 침수 시 대비책을 점검하며 빗물받이, 산사태, 반지하, 예·경보 시스템에 관해 공직자들에게 명확한 시그널을 줬다. '몇 집 침수'라는 통계 수치 속에는 그걸 당하는 사람의 절박한 고통이 숨어 있음을 알아달라고, 내 가족이 침수 피해를 당할 수 있다는 관점에서 재난을 대비해야 한다고.

"제가 그 침수되는 거 있잖아요, 집 침수되면, 진짜 죽을 지경이거든요. 냉장고 잠기고 변기 막 올라오고 그래 봐요. 이거 어떻게 살아 사람이, 그런데 보는 사람 입장에서는 '통계 하나'일 뿐이거든요. 몇 집 침수… 그런데 당하는 사람은 정말 죽을 맛이고 심지어는 죽잖아요. 사람이 그렇습니다. 이게 내 손에 그런 게 달렸다 생각하면 그러기 어려운데, 내 가족들이 내 부모가 이 상황에 처할 수 있다 그러면, 그렇게 나지는 않거든요."

(이재명 대통령, 한강홍수통제소 홍수예·경보시스템 점검 회의, 2025.6.12)

보는 사람이 아닌 '당하는 사람' 입장에 서서 일상적으로 현장을 점검하는 이재명의 재난 대응은 평소에는 거의 발생하지 않지만 한번 발생하면 커다란 인명피해가 발생하는 도심 화재 점검으로 이어졌다. 성남시 곳곳의 다중이용시설 화재 대비 상황을 현장점검 했는데, 그가 현장에서 주목한 화재 대응 현안은 '방화문'이었다. 소방법상 층마다 설치하게 되어 있는 '철제 방화문'만 제대로 닫혀있어도 화재 연기 유입으로 인한 인명피해를 막을 수 있는데, 현장에 가보니 방화문이 열려

있는 경우가 태반이었다. 방화문이 닫혀있으면 불편하니까 평소에 열어놓는데, 그렇게 그냥 열어두는 현실을 제때 단속하지도 못하는 실정이었다. 그는 철저한 단속을 지시했다. 시민 제보를 받고 포상 조치도 시행했다.

"제가 성남시장을 하고 있을 때 수내동에서 학원 건물이 불 난 적 있어요. 다 탔어요. 그때 학원 학생들이 270명이 있었어요. 한 명도 부상자가 없었습니다. (어떤 차이였어요?) 이유는 뭐냐면 방화문을 잘 닫아놨던 거예요. 방화문, 보통 방화문 다 열어놓죠, 밑에다가 쐐기 박아서, 무슨 노루 굽인가 해 갖고 다 세워놓잖아요. 왜, 불편하니까. 제가 성남시에 그걸 다 단속을 시켰습니다. 신고하면 15만 원씩 포상하는 제도도 만들고, 전체적으로 그 점검을 끝낸 얼마 후에 그 학원 건물에 불이 난 거예요. 방화문이 다 작동했죠. 스프링클러 작동하고, 다 단속했으니까, (룰만 잘 지켜도 막을 수 있는 재난이?) 엄청나게 많습니다."

(이재명, 삼프로TV, 2025.2.25)

실제로 최근 분당에서 발생한 복합 상가 화재에서 사망자도 중상자도 없었던 이유에 대해 소방 당국은 법대로 굳게 닫혀있던 철제 방화문이 연기와 유독가스를 막아줬다고 분석했다.

"경기도 성남시 분당 BYC 빌딩 화재 당시 희생자가 적었던 이유로는 방화문이 닫혀있어 연기와 유독가스 차단이 잘 돼 있었다는 점이 꼽혔다. 소방 관계자는 '층마다 설치된 철제 방화문이 닫혀있었던 것으로 추정된다'라며 '이 정도 화재 규모로 봤을 때 방화문이 열려있었다면 다량의 검은 연기가 실내를 가득 채워야 하는데 전혀 그렇지 않다. 밖에서 보인 검은 연기에 비해 실내에 유입된 연기가 많이 없었다'라고 설명했다."

(아시아경제, 2025.1.4)

이재명의 현장점검은 성남시와 경기도 뿐 아니라 다른 지역 다른 지자체에서 일어난 재난 현장의 문제점까지 포괄했다. 그는 충북 오송 지하차도 참사를 지켜보며 이런 상황이 자신이 관할 하는 지역에 발생할 때 어떻게 대응해야 할지 현장의 입장에서 연구해 왔다.

"갑자기 어느 지역이 예측 못 한 범람이 발생했다⋯ 오송 지하차도가 그 예겠죠. 그건 범람할 줄 몰랐죠. 그런데 범람을 했잖아요. (그렇죠) 비정상 사태가 갑자기 발생한 거죠. 그럼, 거기에 맞춰서 뭔가 매뉴얼에 따라서 막 움직여 줘야 되는데, 아마 매뉴얼도 모르고 있었을 가능성이 많죠. 예측을 못 했을 테니까⋯.

실제는 주민이 신고를 했고 청주시나 충북도로 신고가 됐는데 실무자가 그거를 받게 되는 거죠. 8급이나 7급 이런 직원들이 담당 부서에서 '이런 일이 있으니까 밤에 대비를 대처를 해라' 그러면은 '그거 우리 업무 아니'라고 하면 거기서 끝나 버리거든요. 그래서 이 문제를 해결하기 위해서 부단체장한테 유선 통보를 하고 부단체장이 담당 부서로 지정을 해서 바로 조치토록 하는 그런 시스템이 굉장히 중요할 것 같습니다."

(이재명 대통령, 한강홍수통제소 홍수예·경보시스템 점검 회의, 2025.6.12)

이재명은 특히 최근 기후위기로 인해 전에 없이 큰 피해가 예상되는 재난에 관해서는 해외 사례와 함께 우리의 관련 현장 목소리를 수렴해 실용적인 대응을 주문하기도 했다.

"전에는 산불 났는데 마을이 불탄다는 건 우리는 상상을 못했고 LA에서나 있는 일인 줄 알았는데 이제 우리도 산불 나면 당연히 지금 민가가 불타는 상황들이 발생하잖아요. 그렇게 그게 내가 들어보니까 집이나 건물 근처에 있는 나무를 좀 베면 좋겠는데 절대로 못 베게 해 가지고, 특히 사찰들이 그런 얘기를 많이 하더라고요. 수목 제거를 좀 해야 이게 불이 옮겨오는 걸 막을 텐데 거의 숲과 건물이 붙어 있대요. 심지어 겹쳐 있대요. 나무 밑에 들어가 있는 형상이라 산불이 나면 대책이 없다고, 그런데 그건 일정한 기준을 정하든지 해서 주거 지역 또는 건물로부터 몇 미터까지는 수목 제거를 허용을 한다든지 산림청하고 얘기해서 기준을 좀 정해보는 거 어떨까요?"

(이재명 대통령, 한강홍수통제소 홍수예·경보시스템 점검 회의, 2025.6.12.)

주무 부처에서 장비와 인력의 보강이 필요하다고 올라오

면, 여기에 한 술 더 보태어 재난 인력의 숙련도와 충분한 사전훈련까지 필요함을 강조했다. 이 또한 현장에서 지켜보고 메모해 둔 항목이었다.

"현장에서 제가 좀 지켜봤는데요. (산불 진화용 소방헬기의 실전) 훈련이 많이 필요하겠더라고요. (물을 뿌리는) 타점을 잘 못 맞추더라고요. 그러니까 헬기 조종사들도 이 훈련을 해야죠. (예, 훈련이 많이 필요합니다.) 그게 굉장히 쉬운 작업이 아니라 지상 한 25미터 정도에서 타점 투하를 해 줘야 되는데 엉뚱한 데로 이렇게… 강풍 속에 포탄 투하하듯이 그것도 연습을 많이 해놔야지, 지금부터 하게 만드세요. (예) 그거 내가 국무회의 때 따로 얘기를 한번 하든지 할 테니까, 기획을 기본적으로 해 주면 내가 따로 별도 지시를 할게요. (예, 그렇게 하겠습니다.) 그리고 '치누크' 몇 대나 있는지 알아보시고. (예, 알겠습니다.)"

(이재명 대통령, 한강홍수통제소 홍수예·경보시스템 점검 회의, 2025.6.12)

위에서 언급된 '치누크' 헬기는 군이 보유한 대형 헬기이다. 이를 산불 진화에 투입하게 되면 한 번에 물 5천 리터를 저장해 사용하는 대형 소방헬기가 되기에 군이 보유한 이 헬기를 유사시 산불 진화에 투입할 수 있는 방법과 조종사 훈련 방안까지 찾도록 주문한 거다. 국민의 안전이 가장 중요한 일이며, 이를 위해 가용자원을 최대한 활용할 것, 이러한 이재명의 재난 철학은 경기도지사 시절 응급환자를 빠르게 이송할 수 있는 닥터 헬기의 도심 내 진입을 가능하게 만들었다. 성남 시절부터 그를 봐온 명계남은 이렇게 말했다.

"이국종 교수의 닥터 헬기, 그거 (이재명이가) 어떻게 했어요? 헬기 도입하면 뭘 해, 내릴 데가 없는데, 상대원 시장에서 응급환자가 발생했는데 헬기가 상대원 시장에 어디 내려, 내릴 데가 없는데, 이재명이가 해결했잖아요. 초등학교 운동장을 헬기 착륙장으로 쓰자. 반대하지, 교장들이. 애들 수업중인데 헬기 이착륙을 하면 안 된다… 이재명이가 설득했잖아요. 교육감, 교장 선생님들 만나서 '선생님, 1년에 상대원 초등학교가 있는 이 동네에서 위급한 환자가 발생해봐야 한두 건일 겁니다. 그 사람들을 위해서 운동장 10분 20분 내주고 소리 나는 게 그게 뭐 대수겠습니까, 그때만 수업 참으면 되지.' 들어보

© 대한민국 대통령실

니까 그렇지. 그래서 설득해서 하는 거예요. 그런 거를, 그거를 했단 말이에요. 그렇게 동네 찾아가서. 만약에 반대하고 이해관계가 첨예하면 끝까지 대화를 하는 거야, 끝까지 토론을 하는 거야. 그래서 얘기 들어줄 거 다 들어주고, 그다음에 이거부터 먼저 합시다…."

(명계남, 유튜브)

그렇게 다양한 현장에서 재난 대응을 해온 이재명이 하나의 매뉴얼처럼 이어온 그만의 특별한 비법이 있다. 바로 재난 대응 공직자에 대한 아낌없는 보상과 지원이다. 우선 재난 대응 업무를 맡는 사람부터 사기충천해야 일이 제대로 되기에, 결국 공직사회 최적의 재난 대응은 최적의 인사업무가 뒷받침되어야 함을 강조했다.

이재명 대통령   재난 안전 관리 공무원들 입장에서는 이거 뭐 잘해봐야 생색도 안 나고 막았다는 거는 근거가 안 남잖아요. 사고가 나면 확실하게 표시가 나는데, 열심히 해 가지고 날 사고를 막았다는 건 표시가 안 나잖아요.

경북도 재난담당자 (그래서) 저희는 음지에서 일하고 양지를 지향하는….

이재명 어디서 많이 보던 구호인데 (웃음) 그러니까 실제로 그렇죠. 이게 성과는 눈에 안 띄고 실패만 눈에 띄는 특수한 영역인데 (맞습니다.) 그러니까, 이게 의욕을 갖기도 어렵고 그러니까 이거를 좋은 사례들을 최대한 발굴해 가지고 포상 보상을 많이 해야지, 어떻게 수를 찾아보세요. (두 분이) 지방정부 소속이라 중앙정부가 어떻게 쉽게 하기는 어려운데 저기 '까방권'을 준다든지, 까임 방지권이라고 나중에 문제 생길 때 한 번은 봐준다. (웃음) 농담이고요. 어쨌든 포상 보상이나 그런 거라도 잘 챙겨 보십시오. (잘 만들어 보겠습니다.)

(이재명 대통령, 한강홍수통제소 홍수예·경보시스템 점검 회의, 2025.6.12)

실제로 이재명은 성남시장, 경기도지사 시절 재난 담당 공직자들에게 아낌없이 포상과 보상 조치를 해왔다. 국민의 안전보장이 공직사회 최우선 과제이기에 이에 종사하는 사람들의 특별한 희생에는 특별한 보상이 뒤따라야 한다는 게 그의 철칙이었다.

"경기도는 용인 롯데몰 화재를 사망자 발생 없이 진압한 용인소방서 소방관 5명, 재난종합지휘센터 1명, 경찰 1명, 보건소 1명, 아주대 의료팀 1명, 중앙응급의료센터 1명 등 10명에게 도지사 표창을 수여한다고 3일 밝혔다. 당시 공사 현장에는 60개 업체 소속 1천100여 명이 작업 중이어서 자칫 대형 인명피해가 발생할 수 있었다. 이(재명) 지사는 지난 2일 표창 수여 소식을 전하며 용인소방서에 사과 25박스, 경기도소방재난본부 상황실에 피자 48박스를 보내 직원들을 격려했다. 이 지사는 지난해 11월 수원역 인근 복합건축물 화재 시 인명구조와 화재 진압에 공헌한 소방공무원 등 관계자 28명에게도 표창을 수여한 바 있다."

(연합뉴스, 2019.4.3)

확인문제

성남시장 시절 수내동 대형 학원 건물 화재 사건 시 인명피해가 없었던 비결은?

심화문제

당신이 시장, 군수, 도지사라면 재난 담당 공직자들에 대해 어떤 인사원칙이 필요하다고 생각하나요? (타 부서와의 형평성 및 책임성 여부까지 포함해)

_ 인용자료

- 이재명 대통령 수해 대비 현장점검 현장 풀버전 (KTV 이매진 채널, 2025. 6. 12) https://youtu.be/p90SqP9Awyl?si=NSxJjVLh68NZVcTu
- 장세만, '대통령 콕 집어 지적했더니…가장 효율적인 해법 나왔다' (SBS, 2025. 7. 10)
- 이재명 대통령 선거 후보, 경기 안산시 유세 (더불어민주당, 2025. 5. 24)
- 이재명 더불어민주당 대표 인터뷰 영상, 제가 변했다고요? 아니요, 한국 경제가 무너지고 있잖습니까! (삼프로TV, 2025. 2. 25) https://youtu.be/Es3uP-dPrzo?si=PteOEH0lORbcPfLJ
- 명계남, '성남시장 시절 이재명을 바운 명계남의 확고함' (정치한스푼 채널, 2025. 6. 10) https://youtube.com/shorts/zWRXrlhLGZ8?si=s0AUR-Z4_zmvnJnC
- 구나리, 분당 화재, 중상자 1명도 없었던 이유…"굳게 닫힌 방화문이 큰 역할 해" (아시아경제, 2025. 1. 4)
- 이우성, 이재명, '사망자 제로' 용인 롯데몰 화재 진압 10명 표창 (연합뉴스, 2019. 4. 3)

나의 생각

나의 질문

ⓒ대한민국 대통령실

유능하고 공정한 인사, 방법은 뭘까?

ⓒ 대한민국 대통령실

이재명식 '일잘러' 발탁 인사 실제

인사가 만사라고 하는데 이게 결코 쉽지 않다. 공정한 인사? 뭘 해도 욕먹기 십상이다. 어떻게 해야 할까? 이재명은 이렇게 귀띔한다. 내가 해보니 칭찬받는 인사는 없더라고. 최소한 욕먹지 않는 승진 인사만 해도 잘한 건데, 자신은 집단지성 동료 평가를 중시했다고. 옆에 있는 동료들이 말하는 그 사람에 대한 평가, 공적 보고서 같은 서류에 의존한 게 아니라 진짜 그 사람에 대한 동료 평가를 듣기 위해 나는 이런 방식을 고안해 실천에 옮겼고, 된다는 확신을 얻었다고.

"제가 인사를 하면서 제 나름대로 발굴한 기법이 하나 있는데…, 이걸 이 사람한테 물어보면 이렇다 그리고 저 사람한테 물어보면 저렇다고 하고 공적 보고서는 솔직히 잘 못 믿겠고, 그런데 역시 최적의 방법은 동료들한테 물어보는 거예요. 동료들한테 개인적으로 물어보면 또 안 돼. 사람은 묘해서 어떤 지위를 부여하면 책임감이 생겨나요, 자리가 사람 만든다고 하지 않습니까? 그래서 저는 투표 이런 걸 되게 좋아하는 사람인데, 집단지성을 하는, 예를 들면 건축직 5급을 승진시켜야 된다… 승진 대상자 목록이 쭉 있잖아요, 그럼 1부터 10까지인데 뭐 3명을 승진시켜야 된다, 이러면 승진 대상자가 아닌데 같은 직급 사람들이 쫙 있지 않습니까? 승진 대상자는 빼고 아닌 사람들한테 무기명 투표를 시켜서, 최다 득표 2명 또는 3명을 뽑은 다음에 그 사람들한테 종이를 나눠주고 몰래 제가 시장실 도지사실에 있을 때 따로 한 명씩 불러 가지고 '여기다가 당신이 승진시키고 싶은 사람 1번부터 1.5배까지 번호를 매겨라'라고 1, 2, 3, 4, 5 (순위를 매기게 하고), '이 중에 절대로 하면 안 된다고 생각되는 사람'이 있으면 거꾸로 1, 2, 3, 4, 5 마음대로 매겨라, 이렇게 했더니 내가 놀라운 걸 발견했어요. 거의 차이가 없어요. 자기들이 다 아는 거예요. 그리고 이게 나 혼자만 하는 게 아니고 다른 동료 2명 또는 3명이 평가를 할 텐데 내가 불공정하게 이걸 표시를 하면 찍힐 수가 있잖아요. 그런데 그런 사람이 가끔 있더라고, 도저히 납득할 수 없는 점수를 매기는… 그런데 이렇게 공적 권한을 부여하면, 검증되는 공적 권한을 부여하면, (대부분의 사람들은) 정말 공적 권한을 공정하게 행사하려고 노력하더라고요. 그래서 거의 순서가 틀리지 않더라고요. 그래서 제가 시장 도지사 할 때 승진 갖고 욕 얻어먹은 기억은 별로 없어요."

(이재명 대통령, 고위 공직자 워크숍 특강, 2025.7.31)

그가 이처럼 '공정한 인사'에 과할 만큼 신경 쓴 이유는 무엇일까? 실제로 그는 성남시장 시절 시장실에 '청렴 CCTV'를 설치해 놓고 인사 청탁 금지를 표방하기도 했다. 이유는 하나다. 일잘러, 말이 아니라 실제 사업 성과를 내는 일잘러 공직자를 공직사회 전면으로 끌어올리기 위해서는 먼저 공정 인사가 기본이었기 때문이다.

"제가 성남시장이 됐을 때, 거기는 과장이 꽤 높은 자리니까, 사무관, 국장들 모아서 첫 상견례를 했는데, 거의 대부분

이제 눈을 못 맞춰요. 저는 이 공무원들을 모아 가지고 이제 막 열심히 뭘 해봐야지 이런 생각했더니 전부 다 이러고 있어요. 눈을 못 맞춰, 피해요. 그리고 몰래 사표 들고 오고 그러더라고, 그래서 나중에 알게 됐는데, 물론 그전에도 소문이 있었지만, 승진하는 데 일종의 공정 가격을 매겨서 몇 급은 3천, 몇 급은 5천, 몇 급은 8천, 이렇게 정해 놓고 그 금액 이상을 가장 안전한 루트로 가장 빨리 지급하는 사람이 승진했다고 그래요. 그런데 이걸 정말 극도로 보안을 유지하면서 했을 거 아닙니까? 다 감옥 가니까. 그런데 그걸 공무원들이 다 알고 있더라고요. 자기들도 다 아니까 나도 알고 있을 거라고 생각을 하니까 불안한 거죠. 이 사람들 일을 시켜보니까, 습관이 일하는 습관이 몸에 안 배어갖고 딴생각만 하는 게 눈에 띄어요."

(이재명 대통령, 고위 공직자 워크숍 특강, 2025.7.31)

이런 상황에서 시장이 된 그가 가장 먼저 벌인 인사원칙은 '확실한 시그널'이었다. '이제부터 청탁하는 사람은 패가망신한다, 대신 일 열심히 해서 성과 낸 사람은 승진시킨다.' 처음에는 그저 말뿐일 거라고 믿지 않던 공직자들도 그가 명확한 인사원칙을 천명할 뿐 아니라 실제로 그렇게 실천에 옮기는 게 몇 번의 인사로 확인되자 서서히 바뀌기 시작했다.

"이재명은 특정 학교, 특정 세력, 특정 계파에 신세 진 바가 없다. 그간의 인력 풀인 서울대, 86세대, 검찰, 민변, 시민단체 등 정치권을 구성하는 주요 배경 세력들과도 마찬가지다. 성남시장 시절부터 도지사에 이르기까지 자신이 사람을 직접 선택하고 운영하는 방식이었고, 조직에 의존하기보다는 각 개인과 1:1 관계를 맺는 스타일이다. 성남파, 경기파 이야기도 있지만, 수적으로도 크지 않고 조직화되지 않았다. 실제로 함께 일했던 사람은 '이재명 시장과 일하면 1년 반이면 내 능력의 전부가 다 뽑혀나가는 느낌이었다'라고 표현했다."

(김현종 메디치미디어 대표, 2025.6.3)

〈메디치미디어〉의 김현종 대표는 대통령이 새로 바뀔 때마다 새로 쓰이는 '대통령의 사람들' 혹은 '최측근' 추정은 이재명 시대에서 의미 없을 거라고 썼다. 이재명은 김대중, 노무현 대통령처럼 많은 사람들의 의견을 경청하되 모든 결정은 결국

© 대한민국 대통령실

자신이 내리는 스타일이고, 특정 계파나 조직에 의존하기보다는 자신이 1대1로 수백 명의 각계각층 전문가와 소통하며 업무에 맞는 인사들의 후보군을 법정 서류를 들춰보듯 자신의 머릿속에 저장해두고 판단할 가능성이 높다는 지적이다.

"이재명은 수백 명과 개별적인 1:1 관계를 유지하며 관리하려는 경향이 있다. 보고서 하나하나를 직접 읽고, 잠도 적게 자며 하루 대부분을 생각하고 지시하는 데 쓴다. '만기친람'이라는 표현보다는 '한 사람이 수백 명을 개별적으로 지휘하는' 형태에 가깝다."

(김현종 메디치미디어 대표, 2025.6.3)

이재명은 공직사회의 경우 '리더가 뭘 좋아하느냐'에 코드를 맞추는 경향이 매우 농후한 현실을 활용했다. 리더가 술을 좋아하면 그쪽으로, 돈을 좋아하면 그쪽으로 쏠리는 부작용도 있지만, 거꾸로 이런 성향을 잘 활용해 리더가 일을 좋아하고 성과 내는 걸 좋아한다고 믿게 되면 그 방향으로 쏠리게 된다고 생각하고 일관되게 '일잘러' 시그널을 가동했다.

"사실은 동물도 말이에요. 지나가다 사람을 보고 '저 사람이 나를 좋아하나 싫어하나'를 알지 않습니까? 사람은 어떻겠어요? 여러분도 딱 보면 저 사람이 날 좋아하는 거 싫어하는 거 대충 알잖아요. 저 사람이 무슨 생각을 하고 있는지를 일상적으로 접하는데 모를 리가 없습니다. '아 이 사람은 이걸 좋아하는구나' 그러면 거기에다 쫙 맞춰서, 물론 시간 속도는 좀 차이가 있어요. 변하는 속도가… 제 경험으로는 성남시 공무원들이 바뀌는 데 한 2년쯤 걸리는 것 같더라고요. (처음엔) 안 믿어요. 제가 예를 들면 인사를, 우리는 이런, 이런 기준에 의해서 한다고 공표를 하지만 '에이 저거 그냥 듣기 좋으라고 하는 소리지' '저 사람이 진짜 뭘 좋아하나' 안 믿죠. 그런데 그게 인사를 서너 번 하니까 방향이 쫙 잡혀서 한 2년 지나니까 진짜 성과가 나더라고요. 정말 열심히, 그래서 성남시 공무원들이 너무 열심히 일하니까 남들이 의심하기 시작했어요. 성남시의 이익이 되게 하기 위해서 공익적으로 너무 열심히 하니까, 저거 분명히 시장이 사적인 목적이 있어서 시킨 거지, 공무원이 저렇게 열심히 일할 리가 없다. 그래서 제삼자 뇌물로 저거 분명히 시장이 시켰을 거다. 안 시켰는데 공무원들이 왜 저런 짓을 하겠냐? 그 확신을 가지고 있어요. 그런데 그 공무원들은 진짜 자기도 열심히 했거든요. 법률의 범위 내에서. 어쨌든 그렇게 변해요. 저는 이게 조직이 크든 작든 똑같다고 생각해요. 그래서 우리는 저는, 저의 인사권자는 국민이죠. 물론 뭐 한 번밖에 기회가 없으니까, 그러나 그 후에 평가도 또 있지 않습니까? 저는 공직을 하면서 제가 바라는 건 다 그런 거죠. 제가 이 공적 활동을 마치고 야인으로 돌아갔을 때 보통 지나가는 공직자를 보면 뒤에서 수군수군 이러면서 흉보죠. 그런데 그게 아니고, 보면 막 온 동네 사람들이 반가워서 함께 세월을 보낼 수 있다면, 그것처럼 행복한 일이 어디 있겠어요? 제 목표는 그거예요."

(이재명 대통령, 고위 공직자 워크숍 특강, 2025.7.31)

또 한 가지 이재명 인사의 두드러진 점은 신상필벌, 특히 칭찬과 포상을 과학만큼 강조한다는 점이다. 그는 좋은 정책을 제안하는 공직자들에게 포상을 늘렸고, 지난 2020년 코로나19에 맞서 재난기본소득을 설계하고 집행한 관련 공직자 전원을 포상해 전원 휴일에 덧붙인 유급휴가와 경기지역화폐 휴가비를 지급하기도 했다. 그 이유는 특히 시민의 안전과 직결되는 부서의 업무일수록 사람의 의지라는, 아주 미세하지만 거대한 차이를 부르는 동력을 고양하기 위해서였다.

"원래 안전부서는 할 일도 없고, 폼도 안 나기 때문에 가장 관심 없는 어쩌면 좀 무능하다고 평가되는 사람들을 보내고 승진도 잘 안되니까 미운 사람을 보내요. 제가 완전히 바꿔서 가장 유능한 사람을 보내고 실적이 있으면 가장 먼저 승진시켜주고 그렇게 바꿨죠. 안전부서, 격무부서, 장애인과, 안전관리과, 대중교통과, 이런 민원 많은 데는 성실하고 부지런하고 세심하고 열정적인 직원, 유능한 직원을 보내서 잘하면 승진시켜주는 걸 보여줬죠. 정말로 열심히 했어요. 그리고 안전 전문 직렬 공무원을 새로 뽑았어요. 안전 직렬 공무원이 따로 있습니다. 따로 뽑아서 '당신들은 국민의 생명을 지키는 군대와 같다. 전쟁이 거의 일어날 가능성은 없지만 한 번 전쟁이 나면 엄청난 피해가 발생하니까 전쟁 날 가능성이 매우 낮아도 수십조 원을 들여서 군대라는 걸 유지한다. 당신들은 시민들의 생명을 지키는 군대다. 평소에 사고가 안 나더라도 날 가능성을 0으로 만드는 0에 수렴하도록 만드는 투사 전사들이다.' 그렇게 제가 얘기하고 승진시켜 줬어요. 그러니까 열심히 하죠."

(이재명, 안산 유세, 2025.5.24)

그뿐만 아니라 그는 '복지부동' 공직사회에서 적극 행정을 펴고자 하는 '일잘러'들이 느끼고 있는 현실적인 고충을 누구보다 잘 이해하고 있었다.

"행정은 수요자 입장에서 생각하고 정책도 만들고 집행하고 이러면 진짜 칭찬받습니다. 근데 잘 안 돼요. 귀찮거든, 일단 시간도 많이 걸리고 에너지도 많이 소모되고… (중략) 열심히 일하면 감사를 자꾸 해요. 일 안 하면 감사당할 일이 없어요. 안전하게 가야죠. 그런데 불행하게도 이게 원래부터 있던 공직사회의 문제입니다. 복지부동, 월급 주고 때 되면 웬만하면 승진하고 모두가 다 그러고 있으니까, 적당히 하지, 막 열심히 일하는 사람 보면 '자식이 저 잘난 척하려고 저거 괜히 저런다'고 그러고…."

(이재명 대통령, 고위 공직자 워크숍 특강, 2025.7.31)

그런 분위기 속에서 일잘러들을 보호하기 위해 활용한 장치가 성남시장과 경기도지사 시절 인사와 포상이었다면, 대통령으로 당선된 직후 그는 높아진 직급에 맞도록 일잘러 공직자들을 보호하기 위한 두 가지 제도를 제시했다. 직권남용과 정책감사의 개선이었다.

"정상적 행정에 형사 사법의 잣대를 들이대면 안 된다… 돈을 받아먹었다든지 권력을 폭력적으로 남용을 해 가지고 질서를 어지럽혔다든지 이러면 혹시 모르겠는데 툭하면 직권남용이래. 여러분 걱정되시죠? 요즘은 기록과 녹음이 상식이 됐죠. 증거를 남긴다. 나는 시켜서 했다라고 언젠가 변명해야 될지도 모르니까, 시켰다는 증거를 남기죠. 공문으로 하는 게 아니고 전화로 하면 녹음해 놓고 아니면 비망록, 요새 비망록 쓰는 게 유행이라고 그러데요. 이렇게 해 가지고 뭔 행정을 하겠어요? 그래서 이 직권남용의 남용을 막기 위한 장치를 만들도록 하겠습니다. (중략) 두 번째는 이런 거예요. 정책감사 있지 않습니까? 이게 원래 좋은 뜻으로 시작했는데 악용되기 시작했잖아요. 그 정책이 예를 들면 아주 큰 효과를 냈는데도 시간 지난 다음에 나중에 보니까 이것보다 더 좋은 정책이 있었는데 왜 그렇게 했어? 너 배임죄야…. 또는 실패를 했다, 너 이렇게 하면 안 할 수 있었는데 왜 그거 해 가지고 실패를 해서 손실을 입혔어, 이렇게 사후적으로 평가해서 책임을 물으면 인간에게 신의 능력을 요구하는 거 아닙니까? 그거 어떻게 알아요? 나름 최선을 다해서 판단했고 그게 재량권이잖아요. 행정법에서 재량권을 인정하는 이유가 뭐예요? 능동적으로 대응하라고 상황에 능동적으로 대응하기 위해서 이렇게 할 수도 있고 저렇게 할 수도 있고 그걸 여지를 줘야 되지, 아니면 딱 정해 놓고 법원 판결하듯이 그렇게 하면 그게 사회가 움직여지겠습니까? 그래서 원래 재량권을 주는 거예요. 그리고 그 재량권 안에서 정말 아주 명백히 증명되는, 고의로 그랬다면 혹시 모르겠는데, 나름 최선을 다한 결과로 나중에 보니까 상황이 바뀌었어요. 아니면 조금 더 신경을 못 써서 그런 결과가 나왔다 한들 그걸 사후적으로 평가해서 책임을 묻고 징계한다고 그러고 직무 감찰하고 심지어 수사 의뢰해서 고발해서 재판받으러 다니고 하면 그 일을 어떻게 합니까? 그래서 이 정책감사도 악용의 소지가 너무 많기 때문에 폐지를 하는 게 맞겠다…

(박수) 그래서 여러분들한테도 열심히 일하면, 공직자들이 복지부동하지 않고 정말 국민을 위해서 최선을 다해 일할 수 있는 그런 환경을 만들도록 제가 노력할 겁니다."

(이재명 대통령, 고위 공직자 워크숍 특강, 2025.7.31)

확인문제

공정한 인사가 조직 혁신의 기본인 이유는?

심화문제

일 열심히 하면 나중에 감사받고, 일 안 하면 감사받을 일 없는 작금의 분위기를 혁신하기 위해 조직의 리더가 할 수 있는 일 3가지만 꼽는다면?

_ 인용자료

- 이재명, '국민주권시대 공직자의 길' 고위 공직자 워크숍 특강 (정부서울청사, 2025.7.31, 영상 KTV) https://youtu.be/zkswkcZ2ahM?si=zjbnAsxXaFzklY2s
- 김현종, '이재명 대통령 시대, 일곱 가지 스타일' (피렌체의 식탁, 2025.6.3)
- 최모란, 이재명 "재난기본소득 완벽 승리, 관련 공무원 전원 포상하겠다" (중앙일보, 2020.4.19)
- 이재명 대통령 선거 후보, 경기 안산시 유세 (더불어민주당, 2025.5.24)

나의 생각

나의 질문

ⓒ 대한민국 대통령실

기후환경과 경제는 어떻게 연결될까?

© 대한민국 대통령실

미래를 보는
리더의 ESG 기후 대응

　전 지구적인 기후변화의 문제는 먹고사는 문제와 무관한 뜬구름 잡는 이야기일까? 2015년 파리협정 체결부터 전 세계는 본격적인 실천 모드로 들어섰지만 한국 사회에서 '기후'는 여전히 '마이너'한 주제였다. 그런 '기후'가 기업들 사이에서 ESG 열풍으로 점화됐다. 더 이상 기후 대응을 소홀히 했다가는 글로벌 시장에서 기업의 수출경쟁력이나 투자유치 역량에 속된 말로 스크래치가 날 수 있다는 위기감 때문이다. 그럼에도 한국 정치의 영역에서 기후는 여전히 주목받지 못하는 후순위였는데, 그랬던 '기후'가 대선 토론의 화두로 등장한 것은 지난 2022년 2월 3일 밤 8시였다. 방송 3사를 통해 생중계된 제20대 대통령 선거 TV 토론에서 당시 이재명 후보는 윤석열 후보에게 이런 질문을 던졌다.

"지금 그럼 RE100은 어떻게 대응하실 생각이십니까?"
그러자 윤 후보는 당황한 표정으로 되물었다.

윤석열 네? 다시 한 번
이재명 RE100
윤석열 RE100이 뭐죠?

이후 펼쳐진 짧은 대화는, 이 두 사람이 우리의 미래와 기후 대응에 대해 어느 정도 준비되어 있는지 그 민낯을 여실히 보여줬다.

윤석열 RE100이 뭐죠?
이재명 그러니까 재생에너지 100%
윤석열 그게 현실적으로 가능하지 않다고 봅니다.

이재명　가능하지 않다고 생각하시지만, 전 세계 유수의 글로벌 기업들이 이미 RE100을 채택해서 재생에너지 100%로 생산되지 않은 부품은 공급하지 않겠다고, 이런 RE100이 계속 확산되고 있는데, 이럴 때 재생에너지 포션을 늘리지 않으면 나중에 화석연료에 계속 의존했다가 유럽에서 탄소 국경조정제도가 발동되면 그때 어떻게 대응하시려고 합니까?

(제20대 대통령 선거 TV토론회, 2022.2.3)

이날의 토론이 끝난 뒤 'RE100이 뭐냐'라는 윤 후보의 답변이 논란이 되자 국민의힘은 '장학퀴즈성 질문'으로 대장동 의혹을 피해 나갔다고 반박했다. 모를 수도 있지 뭘 그런 것 갖고 문제 삼느냐는 인식이었다. 어떤 의원은 '나도 RE100을 모른다'라며 윤 후보를 두둔했다. 그렇게 준비되지 않은 후보가 당선되었을 때 국정 운영의 후과는 예상했던 것보다 더 크고 빠르게 현실로 나타났다.

"국내 태양광 (신규) 설치량은 3년 만에 반토막 났다. 2020년 5GW에 육박했던 설치량은 2023년 2.7GW까지 감소할 것으로 지난해 말 예측됐다. (중략) 대한민국이 RE100(재생에너지 100% 사용) 달성에 필요한 재생에너지를 조달하기 가장 어려운 나라 가운데 하나라 지목되고 있다."

(뉴스버스, 2024.3.14)

한 마디로 재생에너지 역주행이었다. 다른 나라들이 재생에너지 확보에 전력 질주하던 그때 우리 정부는 재생에너지 확대 목표 자체를 줄였고, 시민참여 소규모 태양광 지원제도 등 있던 정책도 없앴으며 반면 태양광 관련 전방위적 검찰수사가 발동됐다. 2024년 통계청 조사 결과 우리나라 재생에너지 사용 비중은 OECD 꼴찌라는 결과가 나왔고, 반면 온실가스 배출량은 세계 5위권의 기후 악당국이 됐다. 그 부담은 고스란히 우리 기업들이 떠안게 됐다. 한 지자체 공직자는 반도체 분야 재생에너지 전환 분위기를 이렇게 귀띔했다.

"반도체 분야 사람들끼리 이런 표현을 많이 써요. 절박하다고, 비상 상황이라고 RE100이, 애플만 해도 2030년까지 모든 소재를 재생에너지 100%로 공급하겠다고 선언한 상황이거든요. 트럼프 대통령이 재임해도 글로벌 기업들은 여전히 에너지 전환에 절박합니다. 그런데 한국에 대해서는 '그런 절박함이 부족해 보인다'라는 말을 많이 한다는 거예요."

실제로 지난 2024년 RE100 캠페인에 가입한 삼성, 현대차를 비롯해 국내 36개사의 RE100 이행률을 따지면 12% 수준에 불과했다. RE100에 가입한 글로벌 기업들이 50% 정도의 이행률을 기록하고 있는 것을 감안하면 낙제점에 가까운 수준이다. 북미(66%)와 일본(15%)은 물론이고 중국(32%)에도 뒤처진 상황이었다.

이런 가운데 비상계엄이 있었고, 탄핵이 이뤄지며 대통령 선거가 시작됐다. 갈라질 대로 갈라져 있는 국론분열 상황에서, 특히 태양광에 대한 가짜뉴스들이 여전히 판을 치는 가운데 이재명은 기후 대응과 에너지 전환이라는 이 무거운 주제를 어떻게 풀어갔을까? 뜻밖에 그는 가볍게 풀기 시작했다.

"이 마을은 역사책에 나올 거예요."

그는 재생에너지로 마을 사람들 모두가 혜택 보고 있는 구체적인 사례를 찾아 짧지만 명료한 메시지를 전달했다. 앞으로는 재생에너지가 밥이 되고 복지가 될 수 있다고. 그는 유세 초반인 2025년 5월 5일 농촌 마을 공유부지에 태양광 패널을 설치해 매월 1천만 원가량의 마을 순소득을 얻어 마을버스와 마을식당을 운영 중인 여주 구양리 농촌 마을을 찾아 1시간 동안 주민들과 대화를 나눴다.

구양리 새마을지도자   저희 마을이 태양광 발전 시설을 하면서 마을 미니버스도 운영하고 또 마을식당도 운영하고 사무장도 이렇게 고용해서 우리 주민들 복지가 훨씬 더 좋아지고 굉장히 좋아지고 있습니다. 어떻게 보면 재생에너지라는, 햇빛이라는 공유자원을 공평하게 우리 주민들이 활용할 수 있게 됐기 때문에 가능하지 않았나 싶거든요.

이재명   (다른 마을로 확산하는) 이게 뭐 별로 어려운 일은 아니잖아요. 예를 들면 대개 펀드 자금으로 하고 보장은 어딘가가 해주고….

민주당 여주양평 지역위원장   예를 들어 지자체 에너지 공사라든지 농어촌 공사에 비축 농지 같은 걸 공공의 영역으로 하면, 지금 금융기관들이 부동산에서 부실 채권이 많은데 태양광 쪽은 부실 채권이 거의 없다고 합니다.

이재명 될 리가 없잖아요. 안정적 수입이 있으니….

지역위원장 예, 안정적인 수익이 있기 때문에, 그래서 지금 수익권 담보 대출로 해주면 대부분의 농촌 마을이 할 수 있습니다.

이재명 (정부는) 행정 지원만 해주면 돼요. 이거 누가 시작한 거예요?

지역위원장 제가 이장님께 제안 드려서 이렇게….

이재명 이렇게 훌륭한 분은 왜 자꾸 선거에서 떨어지는 거예요. (웃음)

이재명 어쨌든 제가 전국을, 특히 소외된 지역을 지금 다니는 중인데, 다 먹고 사는 문제 때문에 걱정거리잖아요. 그런데 이게 노는 공간이 너무 많아요. 그래서 제가 조금 전에도 말씀드렸는데, 아니 시골길 아무도 보는 사람 없는데 그 농로 위로 (태양광 패널) 쫙 깔면… 논둑 밭둑에 고랑 옆으로 깔면 그거 다 먹고 살길이 생기잖아요. 나라가 그렇게 해주면 허용만 해주면,

'그린강국 코리아, 기후위기를 신성장의 기회로' 공약 발표 기자 회견을 하고 있는 이재명 대선 경선 후보(2021.8.26)

뭐 돈 없어도 (마을공동체 신용으로) 다 할 수 있고, 이제 수익 보장이 되니까, 다 장기 계약하고 하는 거 아니에요. 그러니까 매출도 확보하고, 그러면 뭐 현금 안 들여도 되고 마을 주민들이 하게끔 하고, 그런데 이게 사실은 민간에서 독점하려는 업자들 이익 때문에 마을 주민들이 잘 못하는 측면이 있어요. 결국 그것도 다 정치가 하는 일이죠. 어쨌든 모범적 사례를 잘 만들어 주셔 가지고 여러분들이 아마 대한민국 미래의 첫 출발지에 서 계신 분으로 역사책에 나올 거예요. 아주 잘하셨습니다.
(박수)

그는 재생에너지를 추상적인 기후 대응이나 추상적인 경제 대응책이 아니라, 먹고사니즘 해결과 국토균형발전이라는 자신의 언어로 재해석했다. 재생에너지 보급 초기에 나타난 난개발과 외지인 독점에 대한 주민들의 두려움과 저항에 대해 '주민이 주도해서 이익을 공유하자'라며 햇빛 연금, 바람 연금, 에너지 기본소득의 미래로 역제안했다.

"먹고 살길을 새롭게 만들 것입니다. 말씀드린 것처럼, 이제 재생에너지 시대가 옵니다. 저기 버려져 있는, 방치돼 있는, 그 넓은 해안가, 바닷가 그리고 이 지나가는 바람, 이게 바로 에너지 아닙니까? 이제 화석연료로 만든 물건은 사지 않는 시대가 곧 옵니다. 대한민국은 에너지 수입을 98% 합니다. 에너지가 없으면 아무것도 할 수 없어요. 그런데 앞으로는 화석 에너지로 생산한 물건을 사지 않는 시대가 옵니다. 그러면 어떡하냐고요? 이 내리는 비조차도 에너지입니다. 중력도 에너지고, 바람도 에너지고, 태양도 에너지입니다. 이 에너지가 가장 많이 있는 곳, 에너지의 보고, 재생에너지의 보고가 바로 서남해안입니다, 여러분! 바람도 좋고, 태양도 좋고, 땅도 좋지 않습니까, 여러분?"

(이재명, 여수 유세, 2025.5.15)

그는 거센 비가 쏟아지는 전남 여수 이순신 광장 유세에서 햇빛과 바람이 먹고사는 문제를 해결해 줄 구체적인 희망의 사례로 가까운 곳을 가리켰다. 신안의 사례였다.

"여러분, 이 근처에 신안군이라고 있죠. 여수도 이제 해상

풍력 발전을 많이 하게 될 텐데, 신안군은 여러분 아시는 것처럼 태양광 발전 지분 30%를 지역 주민한테 주잖아요. 그냥 지역 주민들은 사인만 했어요. 돈을 투자했냐? 돈은 누군가 펀드에서 다 지원해 줍니다. 이자를 부담하지만, 고정 계약을 하기 때문에 수익이 보장돼요. 수익과 이자, 나머지 차액을 받는 겁니다. 그래서 군 단위가 전부 인구가 줄어드는데, 유일하게 인구가 늘어나는 군, 그것도 섬으로만 만들어진 신안군이 인구가 늘어난다는 사실, 왜 그럴까요? 그 연간 250만 원 정도, 150, 250만 원 정도 지급되는, 이 재생에너지 연금, 햇빛 연금, 태양광 발전 배당금 때문이죠. 이게 지금 신안군 발전 지역이 전체 땅에서 요만큼이나 되겠습니까? 이제 늘리면 가구당 500만 원도 곧 된다고 합니다. 그런데 여러분, 왜 신안군만 하겠어요? 딴 데도 하면 되지 않습니까? 여기는 바람 없어요? 여기는 해가 안 떠요? 얼마든지 가능하죠."

(이재명, 여수 유세, 2025.5.15)

바로 이 대목에서 그는 '에너지 고속도로'라는 핵심 공약을 꺼냈다. 전국 곳곳의 태양광, 풍력 등 분산형 에너지가 송배전

망이 부족해 버려지고 있는 어처구니없는 현실을 중앙정부가 타개하면 국민 모두에게 새로운 기회가 온다는 균형발전 구상이었다.

"참 황당무계한데, 이제 태양광 발전 허가를 7년 동안 안 해준다고 하지 않습니까? 모르셨어요? 지금 태양광 추가 발전 허가를 안 내줍니다, 정부에서. 2031년 6월까지인가? 왜 안 내주냐, 태양광으로 발전을 해도 그 전기를 쓸 수가 없대요. 송전망이 없어요. 정부가 준비했어야 되는 거 아닙니까? 정부가 3년 동안 대체 뭘 한 거예요? 이건 예를 들면 그런 겁니다. 밭에서 막 농작물을 고추고 마늘이고 많이 생산했는데, 길이 막혀 가지고 팔 수가 없어요. 에너지 고속도로, 에너지 도로를 깔아야 한다. 송·배전 전력망을 정부 예산으로 또는 민간 투자를 유치해서 촘촘하게 깔아놓고 누구나 마당, 지붕에도, 그냥 길가, 개천, 방죽 위에도 다 재생에너지를 생산해서 내가 쓸 수 있는 것은 쓰고 나머지는 아무 곳에나 팔 수 있도록 하면 농사 짓는 것보다 몇 배 수익이 생길 텐데 왜 지방을 떠나 서울 가서 취직 못 해서 고생하겠습니까? 지방도 발전하는 그런 대한민국, 골고루 발전하는 나라, 지방의 재생에너지를 찾아서 기업들이 찾아오는 나라 못 만들겠습니까? 이재명이 지휘하게 될 대한민국 공무원들은 똑같은 조건에서 성남시가 변한 것처럼, 경기도가 변한 것처럼, 민주당이 변한 것처럼 대한민국도 확실하게 바꿔놓을 것입니다. 희망을 품고 삽시다."

(이재명, 여수 유세, 2025.5.15)

이러한 이재명의 적극적인 기후 대응은 경기도지사 시절부터 본격화됐다. 그는 2021년 6월, 경기도 차원의 '기후대응·산업전환 특별위원회'를 만들었다. 중앙정부에서 '탄소중립위원회'가 시작된 게 2021년 5월 31일이었으니 정부 차원의 대응이 본격화되자마자 지방정부 최초로 기후위원회를 가동시킨 것이다. 이재명은 참여정부 시절 법무부 장관이자 최근 기후 법학자로 활동하고 있는 강금실 전 장관을 공동위원장으로 하여 조명래 전 환경부 장관을 비롯해 기후, 에너지, 환경, 경제·산업 분야 전문가와 행정·정치·시민사회의 오피니언 리더들을 위원으로 위촉해 경기도 차원의 기후 대응과 산업전환 밑그림을 그리기 시작했다. 강금실 전 장관은 당시 상황을 이렇게 설명했다.

"지난 6월에 경기도 이재명 지사님께서 '지금 시기에 산업전환을 하지 않으면 우리나라가 위기에 처할 수 있다'라는 절박한 인식으로 특위를 요청하셨는데요, 사실 이게 5월에 정부 탄소중립위원회 이후로 지방자치단체로는 최초나 다름없는 위원회 구성이었기 때문에 경기도의 인식과 절박한 실천에 대해 굉장히 감사한 마음이었습니다."

(강금실, 2021.7.27)

강금실은 이재명이 가진 '절박함'에 감사한다고 했다. 절박함…, 기후위기에 대해 말이 아닌 정책적 실천으로 바로 옮기는 리더는 당시 너무 적었기 때문이다. 6월에 출범한 경기도 기후특위는 다음 달인 7월 말 평택항으로 갔다. 그곳에는 부산항에 이어 물류의 중심으로 떠오르고 있는 평택항을 화석연료가 아닌 수소로 움직이기 위한 수소복합단지 구상이 구체화되고 있었다.

"(특위 출범) 한 달 만에 에너지 시설의 중요한 기관장님들과 산업에 계신 분들, 경기도지사님과 평택 시장님, 노고가 많으신 경기도 환경국장님, 이런 분들과 함께 이 자리에 참여하다 보니 한 분, 한 분께 에너지 이상의 엄청난 파워가 느껴져서 국민의 한 사람으로서 든든하고, 우리 살 것 같다, 이런 느낌이 듭니다. 왜냐하면 우리 산업 문명이 30년밖에 안 남았다는 절박한 지적이 이어지고 있잖아요. 그런 60년 동안 우리가 달려왔듯이 앞으로도 어떻게든지 우리가 위기를 뚫고 달려 나갈 수 있다는 안도감을 주셔서 너무 감사드립니다."

(강금실, 2021.7.27)

이재명에게 기후 대응은 과거로의 회귀가 아니라 지속 가능한 '미래'를 설계하는 일이다. 환경을 '보전'하는 것에서 끝나는 게 아니라 열심히 에너지 전환과 산업전환을 하여 거기서 일자리와 새로운 성장 동력을 찾는 '성장' 요소다. 그래서 더 적극적으로 주민 주도 재생에너지로의 전환을 서두른다. 더 적극적으로 온실가스 배출을 줄여나가고 탄소 무역 장벽을 넘어설 준비를 한다. 때로는 기후위기를 넘어설 상상력을 접목한 정책을 내놓기도 한다. 대표적인 정책이 북극항로 개척이다. 사실 꽤 오래전부터 검토되어 왔고 주변국들은 매우 민첩하게 움직이지만, 우리는 주저주저하던 이 정책을 그는 기후위기 대응을 자신의 언어로 재해석한 '백년지대계'라는 표현으로 구체화시켰다.

"앞으로 2030년이면 북극 항로가 활성화될 겁니다. 이미 쓰이고 있어요. 얼음은 계속 녹고 있어요. 얼음을 깨는 기술은 계속 발전하고 있어요. 그리고 호르무즈 해협 위험하죠. 만약에 해협에 문제가 생기면 우리 그 에너지 자원 다 수입해야 되는데 어떡할 겁니까? 없는 길도 만들어야죠. 결국 세계는 북극 항로에 집중하게 돼 있습니다. 미국이 '그린란드를 사겠다, 안 되면 군사적으로 점령해 버리겠다' 이렇게 얘기하고 있죠. 왜 그럴까요? 갑자기 그린란드를 사랑하게 됐습니까? 북극 항로 때문이라고 저는 생각합니다. 북극 항로에 대한 지배권과 영향력, 엄청나게 중요하기 때문이죠. 10년 후 2035년 그거 순식간입니다. 지금 준비하지 않으면 그때 가서 준비해도 늦어요. 그리고 대형 해운사들이 대한민국이 아니라 일본에 다 자리

잡으면 어떡할 겁니까? 뿌리를 거기다 내리고 있는데 갑자기 활성화돼서 우리가 그때 '이리로 오세요' 모신다고 오겠습니까? 인프라도 구축해야 되고 앞뒤 연관 산업들도 함께 발굴해서 발전시켜 놔야죠. 누가 '이거 먼 훗날 얘기인데' 이렇게 얘기를 합니다. 정치는 말씀드린 것처럼 없는 길을 만드는 것입니다. 20년 후, 30년 후 대한민국이 먹고 살길, 이 나라의 백년지대계를 만드는 게 바로 정치 아닙니까?"

(이재명, 부산 유세, 2025.5.14)

확인문제

기후위기 대응의 핵심인 재생에너지 전환에 대한 저항을 최소화할 현실적인 해법은?

심화문제

당신이 시장, 군수라면 우리 지역 온실가스 배출의 30%를 점하고 있는 승용차와 화물차 등 운송 분야 탄소배출을 줄이기 위해 어떤 정책을 펼칠 것입니까?

_ 인용자료

- [여주시 주민과의 대화] 태양광에서 삼림까지! 농민 고충에 속 시원한 행정 풀이! "펀드로 특례로 해결 가능합니다!" (오마이TV, 2025. 5. 5) https://youtu.be/255DQH3yQ64?si=OMW71SL401T1K36P
- [풀영상] 대선후보 첫 4자 토론 : 방송 3사 합동 초청 2022 대선후보 토론(부동산, 외교·안보, 일자리·성장) (KBS, 2022. 2. 3) https://www.youtube.com/live/61iM5tbDzMA?si=ZUWRvKISPSYTSWIJ
- 이인형, '정부 RE100 역주행에 태양광에너지 생태계 고사' (뉴스버스, 2024. 3. 14)
- 이준희, '韓, 재생에너지 사용 비중 3.6%… OECD 회원국 중 최하위' (전자신문, 2024. 3. 21)
- 윤동, [길 잃은 RE100]① 국내 대기업들 3년간 재생에너지 사용 21.3배 늘렸는데도 '이행률 12% 낙제점' (에너지경제, 2024. 11. 5)
- 이재명 대통령 선거 후보, 전남 여수시 집중 유세 (더불어민주당, 2025. 5. 15)
- 위원장에 강금실·조명래… 이재명, '경기도 기후대응·산업전환 특위' 위촉 (조선일보, 2021. 6. 8)
- 경기도 기후대응·산업전환공동위원장 강금실 "경기도의 절박한 인식과 실천에 감사한 마음" (오마이TV, 2021. 7. 27)
- 이재명 대통령 선거 후보, 부산 유세 (더불어민주당, 2025. 5. 14)

나의 생각

나의 질문

ⓒ 대한민국 대통령실

좋은 의사결정을 하려면?

© 대한민국 대통령실

'민주주의가 밥 먹여준다'
국민주권 리더십

새로 바뀐 리더가 '모두의 의견을 수렴해 모두를 위한 정책을 펴겠습니다'라고 공언한다면, 별다른 감흥은 없을 것이다. 누구나 그렇게 말해 왔지만, 실제 현실은 달랐으니까. 특히 어릴 때부터 민주주의의 대명사처럼 배워온 에이브러햄 링컨의 '게티즈버그 연설'에 나오던 그 말… 국민의, 국민에 의한, 국민을 위한 정부… 다들 한 번쯤 들어봤고 외웠고 시험도 봤던 그 좋은 말들은 실제 현실과 거리가 있어 보였다. '국민에 의한'이란 문구는 우리가 투표를 한다는 말일 테고, '국민을 위한'이라는 문구는 우리를 위한 정책을 편다는 말일 터인데, '국민의 정부'라는 말은 도대체 무얼까, 그 질문에 친절한 사회 선생님은 우리나라 헌법 제1조 1항, 모든 권력은 국민으로부터 나온다고, 그게 '국민주권'의 개념이라고 알려주실 테지만, 현실 정치에서 국민주권 정부라는 건 그저 교과서에나 나오는 좋은 말일 뿐이었다. 적어도 1990년대까지는…. 그런데 어느 날 밤이었다. 피부에 와닿지 않던 '국민주권'이라는 말이 실제 상황에서 놀라운 힘을 발휘해 모든 이의 운명을 구한 사건이 벌어졌다. 그날 밤은 2024년 12월 3일 밤 10시였다.

"제가 얼른 국회로 오라고 '국회로!' 문자 하나, 국회의원 텔레그램 방에 올린 다음에 (국회로) 가면서 곰곰이 생각을 해봤는데, 국회의원들이 무슨 힘이 있습니까? 분명히 총 들고 군인들이 와서 지키고 있을 텐데, 가면 보나 마나 잡힐 텐데."

(이재명, 인천 계양구 유세, 2025.5.21)

12·3 계엄 상황 속, 야당 대표 이재명의 머릿속은 복잡했다. 반드시 국회로 가서 150명 이상의 국회의원과 함께 계엄 해제 의결을 해야 하는데, 계엄군이 바보도 아니고 분명히 국회 앞을 봉쇄할 텐데, 국회 안으로 쳐들어올 텐데, 그걸 무슨

수로 막는단 말인가…. 그때 그의 머릿속을 스쳐 지나는 단어가 있었다. 대한민국 헌법 제1조 1항, 모든 권력은 국민으로부터 나온다….

"그때 퍼뜩 떠오른 것이, '그렇지! 국민들이 막아줄 수 있겠지!' 그래서 제가 갑자기 (유튜브) 방송을 시작했습니다. '국민 여러분, 국회로 와 주십시오.' 그것, 제가 갑자기 떠올린 생각이 아니고, 제가 광주민주화운동을 보고 배운 것이지요. 그래서 광주는 지금 오늘의 대한민국을 구한 것이지요. 한강 작가가 이야기한 것처럼, 과거가 현재를 도운 것이지요. 죽은 사람들, 광주 영령들이 산 2024년 12월 3일의 국민들을 살린 것 아닙니까? 제가 그 생각이 퍼뜩 나서, 빨리 국민들한테 알려서 국민들이 국회로 오시게 해야 되겠다. 그래서 유튜브 방송을 시작했습니다. 그래서 국회로 갔더니, 경찰이 정문, 측면 문을 다 버스로 막고 있더라고요. 그래서 제 아내하고 할 수 없다, 담을 넘어야 되겠다고 해서 경찰 없는 데를 찾아서 제가 얼른 담을 넘었는데, 제가 어떻게 담을 넘었는지 모르겠어요. 나중에 영상을 보더니 제가 일지매 같았다고 하더라고요. (중략) 그

비상계엄 선포 후 국회 본회의장으로 향하는 이재명 대표(2024.12.4)

런데 정말 놀라운 사실은, 드디어 우리 국민들이 국회를 에워싸기 시작한 거예요. 슬리퍼 신고 온 사람, 반팔 비슷한 것 입고 온 사람, 나중에 들어보니까 담배 사러 나왔다가 뛰어온 사람도 있고, 정신없이 슬리퍼 신고 뛰어온 사람도 있고, 그 추운 겨울에 그랬다고 하더라고요. 결국은 그날 밤에, 이 소총을 든, 폭발물 장치를 든 그 중무장한 특전사 병사들, 계엄군을 우리 국민들이 맨손으로 막고 장갑차를 저지해서 결국 그 내란의 밤에 국민들이 이기지 않았습니까, 얼마나 위대한 국민들입니까?"

(이재명, 인천 계양구 유세, 2025.5.21)

일촉즉발의 위기 상황에서, 또는 중대한 결정을 내릴 때 언제나 주권자인 국민과 함께 결정하고 행동하면 실패가 적다. 민주주의가 밥 먹여 주냐고, 맞다. 민주주의가 밥 먹여 준다…. 이재명의 '국민주권론'은 단지 책이나 이론을 통해 학습된 게 아니다. 그가 성남시장으로 일할 때부터 터득한 몸에 밴 '습관'이었다.

'무상교복 네 번째 부결한 성남시의원들이십니다.'

2017년 9월 22일 성남시 의회가 29억 원가량의 성남시 고교 무상교복 예산안을 부결시키자 성남시장 이재명은 다음날 자신의 SNS를 통해 반대한 상임위 의원 8명의 이름과 지역구를 공개했다. 그러자 성남시의회 바른정당 이기인 의원은 이재명을 허위사실 유포에 따른 명예훼손과 공직선거법상 허위사실공표죄 위반으로 경찰에 고소했다. 왜 무기명 투표 결과를 공개하느냐는 취지였다. 그에 대해 이재명은 '이것이 우리 사회가 민주주의에 대해 잘못 알고 있는 대표적 케이스'라며 이렇게 반박했다.

"무상교복 반대가 나쁜 것은 아니죠. 의견이 다른 것이죠. 나쁜 짓이라고 생각하면서 반대한 것이 아닌 이상 시민들에게 알리는 것은 아무런 문제가 없습니다. 더구나 생중계한 표결 결과를 알린 것입니다."

(이재명, 성남시 확대간부회의, 2017.10.23)

반대 입장은 존중하지만 그 과정까지도 주권자인 시민들이 정확히 알고 판단해야 한다…. 이재명은 아이들 교복구입비가 수월찮은 가계 부담이던 시절 많은 학부모, 학생들의 성원을 받으며 2016년 전국 최초로 중학교 무상교복 지원을 시작했다. 이후 이를 고등학교로 확대시키려 했으나 성남시의회는 복지부와의 협의가 먼저라며 계속 예산안을 부결시켰고, 결국 명단 공개 논란이라는 초강수 끝에 2018년 4월 9일 고교 무상교복 예산안이 시의회를 통과했다. 여덟 차례 부결 끝에 아홉 번째 도전이 이룬 8전 9기 성과였다. 시민들의 여론이 온라인상에서 시의회를 에워싼 힘이었다.

"경기도 성남시의 고교 무상교복 예산이 가까스로 시의회를 통과했다. 성남시는 올해부터 고등학교 신입생에게 교복비를 지원할 수 있게 됐다. 2016년 이재명 시장 시절부터 이 사업을 추진해 온 지 2년 만의 일이다. 시는 이에 따라 올해 26억 6,000만 원의 고교 교복 지원비를 확보해 올해 입학한 고등학생 9,000여 명에게 교복비를 지원할 수 있게 됐다."

(오마이뉴스, 2018.4.10)

그는 예산 통과뿐 아니라 관련 행정 간소화 절차에도 온라인의 힘을 적극 활용했다. 성남시는 중학교 신입생들에게 최초로 교복 지원금을 지급하면서 〈온라인 신청 시스템〉을 도입해 행정 절차를 간소화하고 신청자의 편의성을 높였다. 이재명의 직접민주주의 정치는 성남시가 무상공공산후조리원 정책을 추진할 때도 〈온라인 여론조사〉라는 형식으로 추진됐다. 당시 중앙정부(보건복지부)는 성남시의 무상공공산후조리원 제도를 불수용한다고 밝혔다. 몇 차례나 수정·보완을 하고 협의를 했지만 결국 불수용… 이런 상황에서 이재명은 온라인 여론조사를 통해 수렴된 민심의 횃불을 높이 들고 정면 돌파를 선택했다.

"성남시는 최근 '출산장려정책 여론조사'를 진행한 결과, 응답자의 73.5%가 무상공공산후조리원 정책에 대해 찬성하는 것으로 나타났다고 6일 밝혔다. 이번 여론조사는 전국 만 19세 이상 성인 남녀 1천 명을 대상으로 무상공공산후조리원 정책에 대해 의견을 묻는 것을 내용으로 진행됐다. 성남시민 1천 명을 대상으로 실시한 별도의 조사에서는 66.2%가 무상공공산후조리원 정책에 찬성한다고 응답했다. 조사 내용을 보면 응답자의 46.5%는 '적극 찬성'을, 27.0%가 '대체로 찬성한다'는 의견을 밝혔다. 연령별로는 30대에서 찬성 응답이 82.4%로 가장 많았고 20대 73.7%, 60대 이상 72.1% 순으로 나타났다."

(경인일보, 2015.5.6)

성남시장 시절 온라인으로 민심을 확인했다면, 경기도지사로 당선된 후로는 〈온라인 청원〉을 시도했다. 도지사 예비후보 시절부터 '직접민주주의를 경기도에서 실천하겠다'라며 도민이 정책 결정 과정에 관여하는 제도 마련에 적극적이었고, 도지사에 당선된 직후 '경기도의 소리'라는 창구를 만들어 소통 창구를 단일화한 뒤 직접 글을 올렸다.

"반갑습니다. 경기도지사 이재명입니다. 진심으로 환영합니다. 그동안 여러 군데에 흩어져 있던 소통 창구를 하나로 통합했습니다. 이제, 이곳에서 언제든지 경기도와 소통하실 수 있습니다. '경기도의 소리'는 도민의 목소리가 한데 모이는 곳이자 그 목소리로 도정을 바꾸는 디지털 민주주의 플랫폼입니다. '도민 청원제' '도민 발안제'와 같이 '직접민주주의'를 실현하기 위한 새로운 제도들도 이곳에서 선보입니다. 도민 여러분의 깨어있는 집단지성으로 새로운 경기도를 함께 만들어 나가길 희망합니다. 여러분의 목소리에 항상 귀 기울이겠습니다. 고맙습니다."

(이재명, 경기도의 소리, 2018.12.31)

'도민 청원제'는 도민 5만 명 이상 지지를 받은 청원에 도지사나 담당 실·국장이 직접 답변하는 제도였다. 개설한 지 7개월 만에 처음으로 지지 5만 명을 넘는 청원이 나왔는데 도의회에서 의결된 '성평등 기본 조례 개정안'의 재의를 요구해 달라는 청원이었다. 당시 해당 답변은 담당 실·국장의 명의로 이뤄졌다. 한편, '경기도민 청원'을 관리자가 임의로 숨기는 사례가 지적되자, 이재명 경기도지사는 '도민의 목소리 하나하나를 귀히 여겨 새겨듣고 존중하는 것이 청원제도의 취지인데 이를 가려서 게재하는 것은 잘못'이라며 '모든 청원을 전면 공개하라'고 지시했다. 이후 이재명 도지사 사퇴를 요구한 건을 비롯해 모든 청원을 검토 단계 없이 전면 공개했다.

당대표 시절에는 '모바일 민주주의'로 또 한 번 진화했다. 권리당원들의 공직 후보 선출 과정 참여 권한을 높이는 과정에서 당사 내 '당원존'을 열고 온라인당원 커뮤니티 '블루웨이브'를 만들고 온라인당원 청원제 시스템으로 당원이 정책 제안이나 의견을 제시할 수 있는 통로를 만들었다.

"나는 우리 국민의 위대함을 믿는다. '결국 정치는 국민이 하는 것'이라는 말을 늘 가슴에 새기고 있다. 나는 주요 연설 때마다 이 말을 해왔다. '정치는 정치인이 하는 것 같아도 결국은 국민이 하는 것입니다' 이것은 내 스스로에게 거는 주문이기도 하다. 이런 믿음이 없었다면, 가혹하고 엄혹한 현실을 견디기 어려웠을 것이다. 실제로도 국민은 위대하고, 역사는 사필귀정으로 진행되어왔다. 그렇지 않다면, 그런 믿음이 없었다면 어떻게 내가 이 참혹한 세월을 견디며 살아왔겠는가."

(이재명, 결국 국민이 합니다, 2025)

청원하면 뭘 하나, 다 읽어나 볼까, 하는 의문이 들 즈음 이재명 정부의 국정기획위원회는 AI기반 온라인 국민 소통 플랫폼인 '모두의 광장'을 열었다. 명칭부터 국민 공모를 통해 정해졌다. 6월 18일에 개통해 7월 23일까지 경제, 사회, 외교·안보, 정치·행정 등 다양한 분야에 걸친 실시간 국민 의견 180만 9,711건의 의견을 받았고 1만 3천470건의 정책 제안이 접수됐다. 접수된 제안은 소관 분과 검토, 공론화와 숙의 과정을 통해 실질적인 정책개발로 이어지도록 설계됐다.

한편, 온라인의 약점을 보완하는 '대면 소통'도 병행됐다. 사실 키오스크도 불편해하는 사람들에게 온라인 소통은 또 하나의 장벽이 될 수 있는데, 이를 보완하기 위해 대통령이 직접 현장으로 달려간 직접민주주의 형식이 바로 '타운홀 미팅'이었다.

광주 · 전남 타운홀 미팅 (2025년 6월 25일)

광주 군공항 이전 문제, 호남 지역 발전 현안

대전 · 충청 타운홀 미팅 (2025년 7월 4일)

지역화폐 확대, 채무탕감 현안 및 R&D 예산

부산 타운홀 미팅 (2025년 7월 25일)

해양수산부 이전, 문화인프라 등 지역 현안

제목만 봐도 각 지역의 '뜨거운 감자'를 정면으로 풀어나간 타운홀 미팅은 대통령의 진행으로 해당 지역 지자체 단체장들과 의회, 공직자, 주민, 전문가, 이해관계 당사자들이 한자리에 모여 격의 없이 의견을 나눴다. 이를 온라인으로 지켜본 국민의 반응도 뜨거웠다. '우리 지역은 언제 오냐'는 질문이 쇄도할 정도였다. 단지 보여주기 행사가 아니었다. 이 자리에서 논의된 의견은 후속 조치로 이어졌다. 대전·충청에서 지역화폐가 논의된 후 대통령은 지역화폐 예산을 대폭 늘렸고, 수도권에서 거리가 멀수록 지역화폐 할인율을 높이겠다고 한 약속도 7월 '민생지원금' 1차 지원에서 비수도권에는 1인당 3만 원씩 일정액이 더 배정되는 결과로 나타났다. 불법 사금융과 불법 추심 문제도 금융 당국이 관계 부처·기관과 협업 체계를 구축하고 강화하겠다는 후속 조치 발표로 이어졌다. 부산 타운홀에서 논의된 해양수산부와 관련 공공기관 이전 문제는 연내 이전을 목표로 가속도가 붙었다. 광주·전남의 뜨거운 감자 군 공항 이전 문제는 대통령의 중재로 해묵은 갈등이 합의 가능성으로 이어지기도 했다.

"저를 보면, 제가 지역에 다니다 보면, 도지사 군수님들도 (제게) 하시고 싶은 말씀 많을 테고, 우리 국회의원들 또 많이 오셨는데 공직자들한테 하고 싶은 얘기가 너무 많은데 이걸 일상적으로 수용해 듣고 해결 가능한 건 해결하고 현실적 제도적으로 해결이 불가능한 것은 또 충분히 설명해서 접어야 새로운 출발을 할 수 있지 않겠습니까? 그런 가능성을 만들어보고 싶었습니다. 좀 어색하고 진행이 매끄럽지 못한 측면이 있지만 시민 여러분과 이런 대화를 하게 된 것을 참으로 다행스럽게 또 감사하게 생각합니다."

(이재명 대통령, 광주·전남 타운홀 미팅, 2025.6.25)

흔히 민주주의가 밥 먹여 주냐며 민주주의의 효능감을 의심하는 인식이 광범위하다. 그러나 이재명은 힘주어 말한다. 민주주의가 밥 먹여 준다고. 그는 작은 차이를 크게 확대시켜 반사이득을 보던 낡은 정치와 싸우면서 지역격차, 계층격차, 이념갈등을 '국민주권'의 실용적인 관점에서 풀어가는 것이 진짜 정부의 역할이고 진짜 대한민국의 미래라고 확신하는 직접민주주의자다.

"존경하는 국민여러분, 회복도 성장도 결국은 이 땅의 주인인 국민의 행복을 위한 것입니다. 모든 국가 역량이 국민을 위해 온전히 쓰이는 진정한 민주공화국을 만듭시다. 작은 차이를 넘어 서로를 인정하고 존중하며, 국민이 주인인 나라, 국민이 행복한 나라, 진짜 대한민국을 향해 함께 나아갑시다."

(이재명 대통령 취임사, 2025.6.5)

확인문제

경기도민 청원제도에서 타운홀 미팅에 이르기까지 반대와 갈등을 대하는 이재명의 일관된 원칙은 무엇일까?

심화문제

만약 내가 지방자치단체장이나 지역 의회 의원이라면, 온·오프가 통합된 숙의민주주의 장을 내 지역구에서 어떤 형식으로 꾸려갈 수 있을까?

_ 인용자료

- [풀영상] '이재명 대통령, 광주 · 전남 타운홀 미팅' 이재명 대통령 (KTV 이매진, 2025.6.25) https://www.youtube.com/live/vHox-k_uI8Y?si=UDUtBpE7xEpQUV0h
- '이재명 대통령 선거 후보, 인천 계양구 유세' (더불어민주당, 2025.5.21)
- 김양수, "이재명, 무상교복 반대 표결 공개 고소… 민주주의 기본도 안 돼" (노컷뉴스, 2017.10.23)
- 박정훈, '이재명은 떠났지만… 성남시 8전 9기 끝, 고교 무상교복 실시' (오마이뉴스, 2018.4.10)
- 김춘성, "이재명 시장, '무상교복 지원 내년에 고등학생까지 확대 시행'" (머니투데이, 2016.11.17.)
- 박재천, "성남시 '중학교 신입생 무상교복 지원사업 편다!'" (아주경제, 2018.3.2)
- 이동철, "이재명 성남시장, '성남시 무상공공산후조리원, 국민 환호 속 정부 반대 왜?'" (일요신문, 2015.6.22)
- 김규식, 김성주, "[성남] 전국서 부러움 사는 공공산후조리원" (경인일보, 2015.5.6)
- 이재명, '경기도의 소리에 오신 것을 환영합니다. 경기도지사 이재명입니다.' (경기도의 소리 게시판, 2018.12.31)
- 김춘성, "이재명 '도민 5만 명 이상 청원하면 직접 답변'" (헬로tv뉴스, 2018.5.10)
- 강기정, "[노트북] '경기도민 청원' 불발된 이재명 지사 답변" (경인일보, 2019.8.7.)
- 이승호, "경기도 '도민 청원' 게시물 모두 공개" (뉴시스, 2019.1.10.)
- 송진미, 오창룡, 「인터넷 투표제도 쟁점과 도입 방향」 (국회입법조사처, 2023.12.26.)
- 이재명, 『결국 국민이 합니다』 (오마이북, 160쪽, 2025)
- '이재명 대통령, 국민께 드리는 말씀' (대한민국 정책브리핑, 2025.6.4)
- [이런뉴스] "저절로 오는 건 없다" 이재명 대통령 K-민주주의 연설 (KBS, 2025.07.14)
- 류승연, '두 번째 국민 추천제 가동하는 이재명 정부, 이번엔 정책 추천 받는다' (오마이뉴스, 2025.6.17)
- 홍예지, "李정부 국민소통플랫폼 명칭 '모두의 광장' 확정… 7월 23일까지 정책 제안" (파이낸셜 뉴스, 2025.6.26.)
- 황남경, '[국정보고] 59일간 달려온 국정玄, 국가미래전략위로 탈바꿈' (연합인포맥스, 2025.8.13)
- 김혜린, "국민소통 플랫폼 '모두의 광장' 명명… '내달 23일까지 정책 제안'" (동아일보, 2025.6.25)
- [다시보기] 이재명 대통령, 충청 타운홀미팅 풀영상 (JTBCNews, 2025.7.4.)
- [다시보기] 이재명 대통령, 부산 타운홀미팅 풀영상 (JTBCNews, 2025.7.25)

나의 생각

나의 질문

ⓒ대한민국 대통령실

초고령 사회에서 시장, 군수는 무엇을 할 것인가?

© 대한민국 대통령실

성남의료원부터
메르스, 코로나 대응 공공의료

　우리나라는 지난 2024년 12월 초고령 사회로 진입했다. 65세 이상 인구 비중이 전체 주민등록 인구의 20%를 넘어선 거다. 모든 것이 빠른 대한민국에서는 65세 이상 인구 비중도 지난 2008년 10%였던 게 16년 만에 두 배로 늘면서 초스피드로 초고령 사회가 됐다. 이런 국면에 리더는 무엇을 할 것인가, 노인 일자리부터 실버산업까지 다양한 과제가 있을 것이다. 그런데 한 시민은 이런 말로 초고령 사회 과제를 표현한다. 핵심은 공공의료라고.

　"요즘 경기가 안 좋아서 길거리에는 사람이 뜸하죠. 그런데 대형 병원 진료 대기실에 한번 가보세요. 평일 새벽부터 도떼기시장처럼 북적거립니다. 거기 가서 앉아 있으면 우리나라가 초고령 사회라는 게 실감 나요. 안 아픈 사람이 없어요."

이재명은 일찌감치 지역사회 공공의료를 대비해 왔다. 주민의 건강 증진뿐 아니라 의료와 요양과 돌봄 서비스가 통합적으로 갖춰지는 시대적 과제는 언제나 지역 현장 주민들의 목소리부터 시작되었기 때문이다. 그가 정치를 결심한 것도 실은 지역 주민들이 그토록 갈망하던 공공의료의 출발선, 성남의료원이었다.

"오늘 아침 성남시의료원 공사 현장에 들렀습니다. 꽤나 건물 꼴을 갖춰가는 의료원을 보면서 그곳에서 안심하고 진료받을 시민 여러분을 떠올렸습니다. 성남시민들이 직접 만든 공공병원, 성남시의료원은 공공의료의 역사를 새로 쓰고 있을 뿐 아니라 제가 정치를 시작하게 된 계기이기도 합니다."

(이재명 성남시장 퇴임사, 2018.3.14)

2018년 3월, 8년간의 시장 재임 기간을 마친 이재명은 퇴임식에서 이렇게 말했다. 성남시의료원과 관련해 세 번을 울었다고, 꼭 좋은 병원으로 완성시켜 달라고.

"20만이 넘는 시민들이 서명하고 18,595명이 주민등록증을 내가며 한겨울 혹한 속에서 지장 찍어 만든 '시립병원설립조례'를 시의회가 47초 만에 날치기로 부결시켰습니다. 너무 억울하고 너무 서러웠습니다. 날치기 당한 시의회 본회의장에서 시민들과 함께 목 놓아 울었습니다. 2004년 3월 28일 오후 5시, 회의장에서 항의하고 울었다는 이유로 '특수공무집행방해'라는 어마어마한 죄명을 뒤집어쓴 채 경찰 수배를 피해 숨어 들어간 교회 지하실에서 몰래 면회 온 선배와 도시락을 먹다 다시 둘이 껴안고 펑펑 울었습니다. 그때 우리는 눈물밥을 먹으며 결심했습니다. 시장이 되어 내 손으로 성남시립의료원을 반드시 만들겠다고 말입니다. 2013년 11월 14일, 마침내 시장으로서 의료원 기공식에 참석해 첫 삽을 뜬 그날 또 우리는 울었습니다. 기공식 후 모든 일정을 취소하고 시립의료원 설립 운동을 함께 했던 시민들과 함께 코가 비뚤어지도록 막걸리를 마시며 미친 사람처럼 울고 웃고 또 울고 웃었습니다."

(이재명 성남시장 퇴임사. 2018.3.14)

성남시의료원은 지난 2003년 성남시 수정구의 성남병원과 인하병원이 연이어 폐업하면서 발생한 의료 공백 사태에 성남지역 시민사회가 내놓은 대안이었다. 성남참여자치시민연대 등 지역 시민사회단체들은 '인하·성남병원 폐업 범시민대책위원회'를 결성하고 이를 '성남시립병원 설립을 위한 범시민추진위원회'로 확대 개편하며 전국 최초로 주민발의 조례 제정 운동을 전개했다. 이 과정에서 이재명 당시 변호사는 시의회에서 조례가 부결되자 눈물을 흘리며 직접 시장이 되어 의료원을 만들겠다고 결심했다. 험난한 과정을 거쳐 2006년 관련 조례가 통과되고 2013년 착공을 시작한 성남시의료원은, 2020년 시민 주도 공공병원으로 문을 열었다. 대부분의 공공병원이 그러하듯 운영에 어려움도 만났다. 공공의료가 현실적으로 지속되기 어렵다는 회의적인 시선도 있었다. 그런데 이런 걱정과 편견을 한 번에 잠재우는 전환점이 찾아왔다. 바로 코로나19 감염병 대응이었다. 2020년 성남시의료원은 개원하자마자 '코로나19 감염병 전담병원'으로 지정되어 경기 동남부 지역의 감염병 대응에 지대한 역할을 했다.

"가장 큰 성과로는 코로나19 국면에서 공공병원으로서의 역할을 충실히 수행해 왔다는 점이 꼽힌다. 성남시의료원은 2020년 진료 시작과 동시에 '감염병 전담병원'으로 지정되면서 코로나19 확진 환자 치료를 도맡아왔다. 2015년 메르스 사태의 교훈으로 준비했던 6개의 음압격리병실이 코로나19 초기 대응에 큰 힘을 발휘했고, 음압병실을 점차 확충하며 코로나 대응 최전선에 서게 됐다. 지난해 1월에는 '코로나19 거점 전담병원'으로 지정돼 140개의 코로나 환자 전용 병상도 확보했다."

(민중의 소리, 2022.10.10)

이재명이 감염병 대응에 눈을 뜬 것은 성남시장 재임 시절인 2015년에 터진 '메르스 사태'부터였다. 중동에서 발생한 호흡기증후군이라는 뜻의 메르스(MERS)는 사우디아라비아에서 발견된 바이러스성 호흡기 질환으로 건강한 사람은 자연 치

유될 수 있지만 신장병 등 질환을 앓는 고령자에게는 치명적일 수 있는 감염병이었다. 2015년 중동에서 메르스에 걸린 68세 환자가 병원에서 진료를 받으며 병원을 찾은 다수에게 바이러스를 옮긴 뒤에야 보건당국 방역망에 포착되면서 문제가 됐다. 당시 박근혜 중앙정부의 방역 체계는 허술했고 환자의 초기 접촉자 확인에 혼선이 잦았으며 감염 관리 부실에 폐쇄적인 정보관리가 겹쳤다. 당시 유럽질병통제센터(ECDC)·세계보건기구(WHO) 집계에 따르면 한국의 메르스 발병 건수는 환자 1,026명이 발생한 사우디아라비아에 이어 87명으로 세계 2위를 기록했다. 유럽과 미국이 1~4명 환자 발생에 그친 실정과 비교하면, 한국은 중동 외 지역에서 메르스가 가장 크게 확산된 국가였다. 이런 상황에서 이재명은 박근혜 정부의 비공개 방침으로 국민적 불안과 불신이 증폭되던 시기에 성남시장으로서 중앙정부 지침과 별개로 메르스 확진자의 직업·거주지·자녀학교 실명을 공개하는 파격적인 결정을 내렸다. 그는 자신의 SNS에 "사스 사태 때 홍콩은 확진 환자가 사는 아파트 동까지 공개한 사례가 있다. 단지를 공개하지 않으면 모든 시민이 '우리 동네가 아닐까' 전전긍긍하게 된다. 피해 반경을 최소한으로 줄이려고 공개했다"라고 설명했다. 정보 공개가 사회적 혼란과 불안을 해소하는 사회적 방역의 기본이라는 인식이었다.

"성남시장입니다. 당초 예상과 다르게 메르스가 계속 확산되고 있으며, 시민들의 불안은 커지고 지역 경제는 심대한 타격을 입고 있습니다. 전염병 대책은 두 가지 측면이 고려되어야 합니다. 첫째는 감염 확산 방지와 환자 진료 등의 의학적 대응이고 둘째는 불필요한 불안과 공포를 차단하는 사회 심리적 대응입니다. 이 두 가지 면에서 중요한 일은 정확한 정보의 공유입니다. 알면 불안하지 않기 때문입니다. 성남시는 기본적으로 중앙정부와 밀접하고 유기적인 협조 체제를 구축하고 이번 메르스 확산 방지를 위해 협력하고 있으나 한편으로는 지역적 특성에 따른 독자적인 대응과 대책이 필요하여 시장을 본부장으로 하는 메르스 대책 본부를 구성하고 사안에 따라 중앙정부의 시책과 다른 조치도 일부 시행하고 있습니다. 중앙정부는 정보 공개가 혼란을 확대 재생산한다는 이유로 정보를 통제하고 지방정부에 일률적으로 정보 통제를 요구하였지

보건의료정책 발표하는 이재명 성남시장(2017.2.17)

만, 성남시는 성남 지역의 특수성에 따라 정부의 정확한 공개가 혼란의 방지와 메르스 확산 저지에 유효한 것으로 판단하여 관련 정보를 공개해 왔습니다. 최근 정부에서도 정보 공개 원칙으로 전환한 것은 환영할 만한 일입니다."

(이재명, 성남시장 기자회견, 2015.6.10)

이런 이재명의 선제적 현장 대응은 2019년 겨울부터 전 세계를 초토화시킨 '코로나19' 팬데믹 대응 국면에서 빛을 발했다. 중앙정부는 이전 정부와 달리 촘촘한 방역 체계를 구축해 코로나19에 대응해 나갔다. 그런데 현장에서는 예상치 못한 구멍이 발견됐다. 바로 마스크 대란이었다.

"예전에는 천 원, 이천 원이면 살 수 있었던 마스크가 이젠 3천 원, 5천 원대도 없어서 못 삽니다."

2020년 2월 말, 코로나19 확진자 급증으로 마스크 품귀 현상이 이어졌다. 대형마트 판매대 앞에는 '1인 5개 판매 수량 한정'이란 안내문이 무색하게, 진열대에서는 마스크를 볼 수 없었다. 동이 난 것이다. 가격이 폭등했다. 당시 소비자시민모임이 발표한 자료에 따르면 2월 14일 기준 5개 온라인 쇼핑몰에서 판매하는 보건용 마스크 4개 가격은 전달 31일에 비해 13~27% 상승했다. 국민 청원도 잇따랐다. 청와대 국민 청원 홈페이지에는 정부가 마스크를 조달청 나라장터 가격인 1천 원 이하로 구매해 국민에게 공급해 달라는 청원이 이틀 만에 1만 6천 명 이상의 동의를 얻기도 했다. 당시 보수 언론은 마스크 하나 확보하지 못하는 정부라며 방역 당국의 빈틈을 파고들었다. 무엇보다 정교하고 발 빠른 대응이 필요한 국면이었다. 그때 이재명 경기도지사는 2월 23일 코로나19 확대중앙사고수습본부 회의에 참석한 자리에서 문재인 대통령에게 3가지 대책을 건의했다. 첫 번째 제안은 마스크 수급 문제 해결을 위한 공공의 수급 조정 조치 강화였다.

"이전에 대통령께 말씀드려서 마스크 수급 조정 조치를 시행하고 있지만 대구·경북 지역에 대규모 환자가 발생하면서 또다시 문제가 심각해졌습니다. 지금까지 하고 있던 수급 조정 조치를 강화해서 전체 생산 물량의 일정 비율, 예를 들면

30% 정도는 반드시 공공기관이나 공기업을 통해서 거래할 수 있도록 할 필요가 있습니다."

(이재명, 코로나19 확대중앙사고수습본부 회의, 2020.2.23)

상황이 악화되면 공급망의 매점매석뿐만 아니라 수요자들의 가수요가 발생할 수 있기 때문에, 민간에도 공급하면서 공공영역에서도 사용할 수 있도록 반드시 마스크 일정 비율을 강제로 공공영역에 매각하도록 고시해야 한다는 건의였다. 이는 즉시 중앙정부 지침으로 반영됐다. 이틀 뒤인 26일 0시를 기해 마스크 생산업자는 당일 생산량의 50% 이상을 공적 판매처로 신속히 출고해야 한다는 내용의 '마스크 및 손소독제 긴급수급조정조치'가 시행됐다.

이재명 도지사의 두 번째 건의 사항은 '드라이브스루' 형태의 선별진료소 운영 제안이었다.

"기존 병원 시설로 검사가 어려울 때를 대비한 선제적 조치가 필요합니다. 지금처럼 일대일 진료를 하게 되면 위험 노출도 크고 방호복 같은 물품 소모도 많기 때문에 '드라이브스루(drive-through)' 형태의 선별진료소를 만들면 어떨지 생각해 봤습니다. 대규모 야외 공간에서 차를 타고 지나가면서 차단된 상태로 의사 진료, 검사, 채취가 가능하도록 하면 대량 검사가 가능할 것입니다."

(이재명, 코로나19 확대중앙사고수습본부 회의, 2020.2.23)

이 또한 즉시 시행됐다. 물론 드라이브스루 형태의 선별진료소 운영이 이날의 제안에 따른 것인지 아니면 다른 방역 전문가의 중복 건의 혹은 다른 지자체의 우선 시행에 따른 것인지는 확실치 않다. 그러나 당시 이재명 도지사의 건의는 현장 방역 상황 개선을 고민하던 수많은 현장 전문가의 뜻이 담긴, 현장을 위한 혁신적 제안이었다. 이 역시 26일부터 경기도 고양시와 대구 영남대병원, 세종시, 칠곡 경북대병원 등에서 운영되며 큰 효과를 거뒀다. 외신 기자들도 놀랐다. 로라 비커 영국 BBC 서울 특파원은 '한국은 기발한 아이디어를 빠르게 적용했다'라고 썼고, 샘 킴 블룸버그 통신 기자도 '세계에서 가장 혁신적인 국가로 다시 한번 입증됐다'라는 반응을 내놓았다.

미국 싱크탱크인 유라시아그룹의 이안 브루머 회장은 '혁신은 회복력을 촉진한다'라고 평했다.

그리고 이날 이재명의 세 번째 건의는 바로 '신천지'였다.

"강제적 수단을 동원해서라도 신천지 전체 명단을 빠르게 입수하는 방안 등을 검토해 주셨으면 좋겠습니다."

(이재명, 코로나19 확대중앙사고수습본부 회의, 2020.2.23)

당시 코로나19 방역 국면의 화두는 대규모 종교 집회였다. 특히 신천지교회 대구 집회 참석자를 중심으로 지역사회 감염이 뚜렷해지며 중앙정부 대응 단계도 '심각' 단계로 상향됐다. 문제는 종교 집단의 특성상 집단적 저항에 가로막혀 방역과 역학조사에 필요한 신도 명단 확보가 어려웠다는 점이다. 이재명은 중앙정부에 건의하기 전 자신의 SNS를 통해 경기도 내 신천지교회 및 부속기관 239곳의 주소지를 공개했다. 그리고 중앙사고수습본부 회의에 참석한 다음 날인 24일, 경기도 차원의 긴급행정명령을 시행하며 행동에 들어갔다.

"이재명 경기도지사가 신천지 종교시설을 강제 봉쇄하고 집회를 금지하는 긴급행정명령을 시행한다. 이에 따라 경기도는 도내에서 실내외 및 장소를 불문하고 14일간 신천지교회의 집회 금지를 명했다. 이와 함께 공식 교회 시설은 물론 복음방, 센터 등 신천지교회가 관리하는 모든 집회 가능 시설에 대해 14일간 강제 폐쇄를 명했다."

(경기도뉴스포털, 2020.2.24)

왜 강제 폐쇄였을까. 이틀 전인 22일 신천지교회는 공식 교회 시설을 비롯한 부속기관을 공개했고 이 중 경기도 내 시설은 239곳이라고 밝혔다. 그런데 이는 경기도 자체 조사 결과와 달랐다. 경기도가 교회 관계자, 종교 전문가, 시민 등의 제보와 자료검색 등을 통해 조사한 결과, 경기도 내 유관 시설은 270곳으로 파악됐다. 이 가운데 111곳만 신천지 측 자료와 일치했고, 45곳은 현장 조사 결과 신천지 시설이 아닌 것으로 확인되기도 했다. 자체적으로 공개한 자료를 믿을 수 없게 된 것이다. 이에 따라 경기도는 자체 조사한 시설과 신천지교회가 공개한 시설 등 총 353곳에 대해 방역 및 강제 폐쇄 표시를 하고, 폐쇄

기간 동안 공무원을 상주시켜 폐쇄 명령을 집행했다.

다음날인 25일에는 강제 역학조사가 집행됐다. 경기도는 2월 25일 오전 10시 30분부터 과천 신천지 예수교회 총회 본부시설에 진입해 긴급 강제 조사를 실시, 이를 통해 경기도 내 신도 3만 3,582명과 과천 신천지교회 예배 신도 9,930명의 명단을 확보했다. 이날의 역학조사에는 경기도 역학조사관 2명, 역학조사 지원 인력 25명, 경기도특별사법경찰단 디지털포렌식 전문가 2명 등 총 40여 명이 동원됐고, 현장 지휘는 이재명 경기도지사가 직접 했다.

"경기도 역학조사 과정에서 신천지 신도 1만여 명이 집결한 예배가 지난 16일 과천에서 개최된 것을 확인했고, 예배 참석자 중 수도권 거주자 2명이 이미 확진 판정을 받았습니다. 대규모 감염을 막기 위한 골든타임을 놓칠 수 없어, 신천지 측이 명단을 제출할 때까지 더는 지체할 시간적 여유가 없었습니다."

(이재명, 강제역학조사현장, 2020.2.25)

방역 협력에는 누구도 예외가 있을 수 없다. 이는 성남시장 시절 메르스 방역을 위해 투명한 정보 공개를 한 것과 같은 맥락이었다. 가장 중요한 것은 사람의 생명을 지키는 일인데, 이를 위해 공공기관은 예외 없이 선제적으로 방역해야 함을 몸으로 보여줬다. 그러나 그 방식은 관이 일방적으로 끌고 가는 것이 아니라 민간의 자발적 협력을 끊임없이 유도했다. 분당서울대병원 등 민간 상급종합병원과 적극 협력하며 중증 환자 병상을 충분히 확보해 나갔고, 강제적 행정명령으로 발생하는 병원 측 손실에 대해서는 재정 보상(예비비 지원)을 통해 특별한 희생에 따른 특별한 보상을 준비했다.

"정치는 사람을 살리는 일입니다."

이재명의 정치철학이다. 그는 코로나 방역을 할 때에도, 재난에 대비할 때에도, 닥터 헬기 긴급 수송 체계를 정착시킬 때에도 정치는 사람을 살리는 행위이며, 사람의 생명만큼 중요한 것은 없음을 수시로 피력했다. 그런 이재명이 제21대 대통령에 당선된 직후 초고령 사회로 진입한 한국 사회의 보건복지 수장으로 '정은경'을 앉힌 것은 더없이 자연스러워 보인다. 코로나19 방역 당시 질병관리청을 이끈 정은경은 보건복지부 장관으로서 초고령 사회 진입과 특히 최근의 의료 대란에 어떻게 대응할 것인가를 묻는 국회 질문에 이렇게 답했다. 공공의료 강화를 구체적으로 지역에서부터 실현해 가겠다고.

"보건복지부는 지역·필수·공공의료 인력 양성을 위한 지역 의사제 도입과 공공의료사관학교(공공의대) 설립 계획을 공식화했다. 정은경 보건복지부 장관은 18일 국회 보건복지위원회에 복지부 주요 업무 추진 현황을 보고하면서 '지역·필수·공공의료 인력 양성을 위해 충분한 투자와 보상을 아끼지 않겠다'라고 말했다."

(연합뉴스, 2025.8.18)

그로부터 사흘 뒤인 8월 21일, 짧은 여름휴가에서 복귀한 이재명 대통령은 수석·보좌관회의에서 이런 화두를 꺼냈다. 더 이상 방치할 수 없을 만큼 높은 우리나라의 자살률에 대해 사회적 재난이라는 관점으로 정책 패러다임을 바꿔 적극 대응

해달라고.

"대한민국의 자살률이 OECD 평균 두 배를 훨씬 상회합니다. 주요 국가들이 자살률 감소 추세를 보이는 것과 달리 우린 20년 넘게 OECD 자살률 1위라는 오명을 쓰고 있어요. 자살로 내몰린 국민을 방치하면서, 저출생 대책을 논하는 것은 명백한 모순입니다. 이건 국가의 책임을 방기하는 것에 다름 아닙니다."

(이재명 대통령, 제8차 수석·보좌관회의, 2025.8.21)

정치는 사람을 살리는 것이라는 철학 속에 진행되어 온 이재명의 대응 사례는 초고령 사회로 진입한 대한민국에서 시장, 군수, 도지사, 중앙정부와 다양한 조직의 리더들이 해야 할 일이 많고 또 할 수 있는 일도 많음을 알려주고 있다.

확인문제

이재명의 메르스 대응과 코로나19 대응을 관통하는 정치철학은?

심화문제

자신이 속한 지역사회의 공공의료는 현재 어떤 수준인가요? 만약 이를 초고령 사회에 맞게 개선한다면 무엇을 바꿔야 하며, 어떤 리더십이 필요할까요?

_ 인용자료

- [영상] [이재명 퇴임사 자막버전] 성남에서의 기적, 더 크게 펼치겠습니다! (이재명TV, 2018. 3. 16) https://youtu.be/uOti9BqklyU?si=nYpzT-zQNOrhII8x
- [영상] 메르스 환자 발생 관련 이재명 성남시장 기자회견 (성남TV, 2015. 6. 10) https://youtu.be/YlnWOnFDTAQ?si=1uEKzEGxMER2RxVU?BS_CODE=s027&number=247
- 최다희, "국내 65세 이상 인구 20% 돌파… '초고령 사회' 진입" (KTV News, 2024. 12. 26.)
- 박정훈, 끝내 목 메인 이재명 '성남시장이었다는 게 정말 자랑스럽다.' (오마이뉴스, 2018. 3. 14)
- 이병준, "성남시의료원, 병상 172개로 확대… 이재명 '큰 결단에 감사'" (중앙일보, 2020. 12. 17)
- 한국 메르스 환자 87명 세계 2위 '불명예'… '코르스 될 판' (한겨레, 2015. 6. 8)
- '경기도, 신천지 본부 강제 역학조사 진행… 도내 신도 명단 확보' (경기도뉴스포털, 2020. 2. 25)
- 이미영, 이재명 지사 "마스크 수급 문제해결 위해 수급 조정 조치 강화해야." (경기도뉴스포털, 2020. 2. 24)
- 식품의약품안전처, "마스크 대란 반드시 없애겠다"… 마스크 수출제한 시행 (정책브리핑, 2020. 2. 25)
- 윤한슬, 해외가 놀란 '드라이브스루' 선별진료소 탄생 뒷얘기 (한국일보, 2020. 2. 27)
- 이주영, 이재명 지사 '14일간 신천지 집회 금지, 시설 강제 폐쇄' 긴급행정명령 (경기도뉴스포털, 2020. 2. 24)
- "분당서울대병원 찾은 이재명 '중증환자 병상 제공에 감사. 추가 지원 방안 강구할 것" (경기도뉴스포털, 2021. 1. 4)
- 고미혜, 복지부 '지역의사제 도입하고 공공의료사관학교 설립' (연합뉴스, 2025. 8. 18)
- 조은결, 'OECD 자살률 1위' 20년… 이재명 '자살은 사회적 재난, 국가가 책임져야.' (이로운넷, 2025. 8. 21)
- 오대영, "[단도직입] 정은경 '지자체장·의원 경험 이재명, 문제해결 능력 뛰어나" (JTBC, 2025. 5. 12)
- 고영호, "초고령 사회… '어떻게 나이들 것인가'에 답해야 할 시간" (정책브리핑, 2025. 7. 22.)
- 김용만, "기후위기와 지방정부의 역할" (오마이뉴스, 2024. 5. 27.)
- 윤강재 외 5인, 『미래 공중보건 위기 대응을 위한 지역보건체계 재구조화 방안-보건소를 중심으로』 (한국보건사회연구원, 2022. 12)
- 이영숙, 「보건복지포럼」 pp. 66-82, '초고령 사회 대응을 위한 노인 의료·요양·돌봄의 통합적 체계 구축의 과제', (한국보건사회연구원, 2024. 7)
- 서지희, '이재명 정부 공약집에 약속한 노인 정책 20가지' (브라보마이라이프, 2025. 7. 15.)

나의 생각

나의 질문

조직 내 반발에 부딪혔을 때

© 대한민국 대통령실

갈등 조정 리더십

일을 하다 보면 반대에 부딪힐 때가 있다. 일을 잘하든 못하든, 작용이 있으면 반작용도 있으니까. 그런데 그 반대가 다름 아닌 내부의 저항이라면 참 많이 아프다. 뻔히 리더인 내 상황과 고민을 알아줄 법도 한 나의 동료가, 혹은 내 지휘통제선 아래에 있는 조직 구성원이 나의 면전에서 '당신이 무슨 권한으로 이런 일을 추진하느냐' '혹시 무슨 정치적 의도 때문 아니냐' '당신도 전에는 그렇지 않았는데 내로남불(내가 하면 로맨스 남이 하면 불륜)식으로 다른 잣대를 들이대네'라고 돌직구를 날린다면, 그 상황에서 당신은 어떻게 풀어나갈 것인가?

혹시 이재명이 그런 반대를 불도저처럼 다 밀어버렸다고 생각한다면, 그건 이재명을 띄엄띄엄 본 거다. 몇몇 언론의 시선으로, 누군가 요약해 전해주는 현장의 말이 아니라 당신이 직접 그 현장을 목도하게 된다면, 있는 그대로의 이재명식 갈등 조정 해법을 만나게 된다.

2021년 4월 22일이었다. 경기도청 회의실에서는 '경기도 공공기관 이전에 관한 난상 토론회'가 열렸다. 이재명 도지사가 경기 남·북부 균형발전을 위해 수원에 있던 경기농수산진흥원, 경기신용보증재단 등 7개 공공기관을 경기 북부로 이전하겠다는 계획을 밝히며 찬반 논란이 격화되고 있을 때였다. 이재명은 도지사 취임 초기부터 경기 북부에 대해 '특별한 희생에는 특별한 보상이 뒤따라야 한다'며 도로 등 SOC 예산편성을 증액 편성했고, 1차와 2차에 걸쳐 수원에 있던 공공기관들을 차례로 이전시켰다. 급기야 3차 이전 계획으로 경기신용보증재단과 경기도시주택공사 등 인력과 시설 규모가 큰 공공기관들의 이전이 발표되자 반대 목소리는 격렬해졌다. 공무원노조가 앞장섰고, 해당 공공기관이 원래 있던 지역의 주민들과 지역구 의원들도 가세했다. 리더 입장에서는 자신의 통제선에 있는 직원들(노동조합)과 같은 당 동료(도의원들)들의 강력한 저항을 만나게 된 셈이다. 분위기는 험악했다. 공공기관 이전에 우려를 표하는 도의원과 경기도공공기관노동조합연맹 의장, 범도민연합 위원장, 광교입주자대표협의회 위원장 등과 공공기관 유치를 희망하는 경기북부지역 시민위원장 등 찬반 진영이 한자리에 모여 오전 10시부터 100분 동안 그야말로 난상 토론을 벌였다. 토론은 경기도가 운영하는 SNS 채널을 통해 실시간 생중계됐는데, 동시간대 접속자 수가 850명을 넘길 만큼 뜨거웠다. 이날의 토론을 '보여주기식 이벤트'로 치부하기에는 현장에서 날아든 돌직구들이 너무 매서웠다.

"2012년 김문수 전 지사님은 대권 도전을 1년 앞둔 시기에 경기도청 이전을 정치적인 속셈으로 중단시킨 바 있습니다. (이재명) 지사님께서는 지금 여당의 유력한 대권주자이신데 지금 공공기관 이전 발표 시기와 전 김문수 지사의 도청 이전 중단 시기와 저희들이 봤을 때는 좀 겹친다고 생각합니다. 이에 대해서 수원 시민들은 지사님의 공공기관 이전 발표가 내년

대선에 앞서 경기 북부 지역민들에게 표를 의식한 정치적인 속셈으로 느껴진다고 생각하는 분들이 좀 대부분이다, 느껴집니다. 지사님께서 말씀하신 균형발전이라는 명분으로 결정을 한다면 적어도 저희들이 이해할 수 있게끔 취임 초기나 취임 중반에는 공론화해서 논의하고 추진을 했다면 그 누구도 거기에 대해서 이해를 했겠습니다마는 지금 임기가 1년도 남지 않은 시점에서 공공기관 이전을 발표한다면 그 누가 균형발전을 위한 명분으로 이해를 하겠습니까? 제가 봤을 때는 그 누구도 동의하기 어렵다고 봅니다. 지사님은 어떻게 생각하시는지요?"

(광교 입주자대표협의회 전임 회장, 2021.4.22)

경기도청 신청사가 있는 수원 광교 지역 입주자대표협의회 전임 회장의 질문이었다. 대선을 앞두고 경기 북부 표심을 얻으려는 정치쇼 아니냐라는 질문에 이재명은 이렇게 답했다.

"그렇게 보일지 모르겠지만, 저희가 1차 이전은 아주 오래 전부터 이미 공언했고 시행을 했는데 아까 말씀드렸던 것처럼 저는 1·2차 이전 정도로… 이건 남부에 살아서 모를 수 있어요. 맞습니다. 북부나 동부 지역은 정말 심각합니다. 그래서 그 정도로 적정하게 균형을 맞출 수 있겠다고 생각했는데 오히려 문제를 더 악화시킨 것처럼 북부 지역의 반응이나 주민들의 열망이 있어서 3차 확대해 간 것이지 (대선) 여기다 맞추는 것은 적절하지는 않은 것 같고요. 표 얘기를 하면 아주 냉정하게 아까 말씀드렸습니다만 북부 지역이 350만 명 정도밖에 안 되고요. 남부 지역이 천만 명을 넘지 않습니까? 표 생각하면 그냥 놔둬 버려야죠. 똑같이 찬성 반대가 양이 똑같아도 반대의 에너지가 워낙 크기 때문에 특히 정치에서는 적을 만들지 말라고 하는 이유가 있어요. 칭찬하고 좋아하는 사람이 10명이라도 반대하는 사람 한 명이 아주 나쁘게 생각하고 행동하기 시작하면 그 10명의 우호적인 사람들을 훨씬 넘어서요. 세상 이치가 그렇잖아요. 그래서 표 때문에 한 건 아니고 표 생각이 있으면 사실은 좀 안 하는 게 과거처럼, (북부에서) 얘기를 해도 숫자가 적으니까 모른 척하고 있는 게 나을 수도 있다 이 말씀 하나 드리고요."

(이재명 경기도지사, 2021.4.22)

당시 주민단체와 경기도 공공기관 노동조합들은 이재명 도지사의 3차 공공기관 이전 집행을 막아달라며 법원에 집행정지 가처분 신청을 접수시킨 상황이었다. 입주자 대표는 이런 상황 속에 열린 이날의 난상 토론회가 법정 다툼 속 절차적 정당성을 확보하기 위한 보여주기 행사 아니냐고 물었다. 오늘 토론을 통해 이전계획을 철회할 의사는 있느냐고 물었다. 이에 대해 이재명은 '세상일이라는 게 꼭 철회냐 아니냐 두 개만 있는 것이냐'라고 되물었다.

"명분용으로 오늘 얘기하는 거 아니냐 말씀하시는데, 세상일이라고 하는 게 철회냐 아니냐 두 개만 있는 건 아니고 진행이 되더라도 어떤 보완책을 가질 것인지, 제가 보기에 노조 입장에서 (보완책) 이게 훨씬 더 중요한 과제일 수도 있다고 생각이 돼요. 물론 그 문제에 대해서도 노조 입장이나 직원들 입장은 또 생각이 다를 수 있어요. 그래서 이거는 '철회를 안 할 거면서 왜 토론회를 하냐'라고 하면 오늘 제가 말씀을 듣는 취지를 축소한 것이다 말씀드리고요. '오늘 철회 안 할 거면 나 얘기 안 할래'라고 하면 저는 할 말이 없어요. 그러나 아까도 말

쏨드렸지만 사람 일이 딱 정해진 건 아니고 다 사람이 하는 일이기 때문에 정말 오늘 토론회 과정이나 아니면 여러분들이 제시하는 자료나 이런 거에 의해서 '야 절대 하면 안 되겠구나' 아니면 '이 중에서 어떤 특정한 건 정말로 문제가 있어서 하면 안 되겠다' 싶으면 바뀔 수도 있는 거죠. 그러나 그 가능성이 크지 않은 건 나도 미리 말씀을 드리는 거예요. 가능성이 크지 않습니다. 들어봐야죠. 들어보고, 가처분하고 있는데 그거는, 가처분은 안 되는 소송도 할 수 있는 것이기 때문에, 그것 때문에 우리가 영향을 받거나 그러는 건 옳지 않죠. 오히려 그러면 안 되고, '정말로 합당하냐'라는 것을 모든 도민 모든 경기도 입장에서 판단해야 되고요."

(이재명 경기도지사, 2021.4.22)

다음으로 경기도의원이 발언을 시작했다. 그는 이재명과 같은 더불어민주당 소속 도의원으로 지역 균형발전 취지에는 적극 동감한다며 발언을 시작했다. 그러나 그는 정확히 반대편에 앉아 있었다. 당시 수원에 지역구를 두고 있거나 수원 출신 비례대표인 경기도의회 의원 등 13명은 경기도의회에서 합동 기자회견을 갖고 '소통 없는 도지사의 일방적 행정에 수원시민과 경기도민을 대표해 강한 우려와 유감을 표명한다'라고 밝힌 상태였다. 도의원은 이번 3차 공공기관 이전이 충분한 협의와 준비 없이 졸속 진행되고 있다고 지적한 뒤 구체적인 예시를 들어 이렇게 물었다. 상황에 따라 말이 바뀌고 그때그때 달라지는 당신의 '내로남불' 행정 아니냐고.

"행정에 있어서 일관성과 신뢰성을 말씀드리고 싶습니다. 2019년 5월 (이재명) 지사님이 (광교 신청사로의) 경기융합타운의 융복합센터의 필요성을 말씀하시고 이렇게 도의회에 필요하니 좀 통과시켜 달라 말씀하셨고 (의회를 통과하자) 6월 2일 날 본인 트위터를 통해서 '우리 경기도 융합타운 경기도의회 또 공공청사 착착 진행되고 있습니다' 하는 내용을 본인의 트위터에 올리시면서, 기사를 올리면서 착착 잘 진행되고 있습니다 하면서 홍보도 하셨습니다. 이런 것들은 저희 주민들이나 시민들 그리고 경기도민 모두에 대한 약속이었다고 생각합니다. 불과 2년도 되지 않아 이런 부분을 다시 뒤집는 것은 그 당시에는 경기 동북부에 대한 균형발전이 필요하다고 생각을 못 하셨던 건지, 아니면 이제 와서 왜 바뀌셨는지, 그리고 3차 공공기관 이전 이후에 저희가 반발을 하니 페이스북에 저희 주민들을 저항 세력으로 이렇게 표시하신 부분에 대해서 저는 밤잠을 잘 수가 없었습니다. 저희 주민들은 여기에다가 GH(경기주택공사)나 경기신보(신용보증재단) 광교 신청사에다가 유치해 달라는 말씀드린 적 없습니다. 지사님이 저희에게 요구를 했고 그 부분에 대해서 주민들한테 홍보도 하셨는데 왜 이제 와서 저희가 저항 세력이 되는 부분인지 그 부분에 대해서 좀 답변해 주시기 바라겠고요.

또 지사님이 성남시장 시절에 뭐 비슷한 일이 있었던 걸로 알고 있습니다. 정부에서 공공기관 이전 부지 매각 및 토지 이용 계획 변경을 요청했었고 성남시는 공식적으로 행정 절차에 협조하지 않을 것이라고 답했던 것도 있고요. 또 이 부분에 대해서 (성남시장 당시) 이재명 지사님은 '공공기관 종전부지 매각은 지역의 의견 수렴이 없는 원칙과 공공성이 결여된 일방적 행정 행태이다' 이런 말씀을 하셨는데요. '내로남불'이라고 하죠. 내가 하면 로맨스고 남이 하면 불륜입니까? 사실 이 부분에 대해서 충분히 주민과 지역의 의견을 수렴하는 과정이

© 대한민국 대통령실

없었고 이 부분에 대해서 신뢰성과 정책의 일관성이 상당히 결여됐다는 부분을 말씀드리면서 이 부분에 답변을 해 주시기 바랍니다."

(경기도의원, 2021.4.22)

같은 당 도의원의 아픈 지적, 이에 대한 이재명의 답변은 무엇이었을까, 조금 길더라도 있는 그대로 옮겨본다.

"어쨌든 의원님께서 많이 고민하시고 또 준비도 많이 잘 해 주신 것 같습니다. 지적이 상당 부분 다 일리 있고요. 우선은 경기도의 산하 공공기관 이전을 추진하는데 성남시 입장에서 국가 공공기관 이전 지방 이전에 대해서는 반대하지 않았냐, 기준이 다르다, 내로남불 아니냐, 말씀해 주셨는데 좀 달라요. 같은 사안의 다른 입장이 아니고 저는 성남시장을 하면서도 국가 공기업들의 지방 이전을 반대한 일이 없어요. 해야 된다고 제가 그때 주장했죠. 다만 그때 제가 반대했던 것은 이전을 하는데 이전 부지를 주상복합 용도로 매각하려고 해서 그걸 못 하게 했던 겁니다. 그때 입장은 이전 자체는 하는데 그 이전하는 부지에는 공공기관 이상의 민간 기업 유치를 해야 되기 때문에, 주상복합으로 지어서 아파트로 분양하는 거는 자족성을 훼손하기 때문에 베드타운을 하기 때문에 그건 절대 안 된다… 그런데 법률상 국가가 정하는 도시 계획을 해당 자치단체는 반영하도록 그렇게 의무화돼 있었기 때문에 제가 그때 어떻게 했냐 하면, 그 법률 자체를 어길 수는 없어서 반영은 해주는데, 반영이란 그림자를 비춰 준다, 이런 뜻이기 때문에, 법률적으로 해석하면 반영은 손톱만큼만 해주겠다, 나머지는 주택은 못 짓게 할 테니까 제가 각 건설회사들한테 제가 공문을 다 보냈어요. 팩스로, 이거는 주택은 안 되고 업무 시설이나 이런 기업을 유치해야 되기 때문에 사지 마라, 사면 우리 건축 허가는 조금은 내주는데 대부분은 안 내준다, 이렇게 제가 기자회견을 두 차례 한 걸 아마 우리 양 의원께서 보신 것 같아요. 그렇게 해서 결국 성남시는 공공기관 이전을 했는데, LH 부지는 의생명과학단지로, 도로공사 부지는 제2 판교테크노밸리로, 이런 식으로 다 업무 시설과 기업들이 유치되게 됐다는 말씀드리고요. 이거는 공기업 자체의 이전 문제하고는 좀 다르다는 말씀 하나 드리고요.

행정의 일관성 말씀하셨는데, 상당히 일리가 있으십니다. 행정이란 집행부가 바뀌든 안 바뀌든 가능하면 일관성을 유지하는 게 중요하고요. 저도 그 부분이 제일 고민이 많았어요. 특히 다른 공공기관은 모르겠는데 이미 청사를 짓고 있거나 짓도록 계획돼 있는 신보(경기신용보증재단)와 도시주택공사 GH 문제가 제일 고민이었습니다. 그런데 북부나 동부 지역의 주민들이 바라는 거는 GH나 신보였단 말이에요. 왜냐하면 규모도 워낙 크고 GH같은 경우는 지방세 세수도 꽤 있습니다. 수십억 되긴 한데, 어쨌든 그 문제 때문에 제가 고민을 많이 했는데, 고민의 결과는 많은 토론을 통해서 낸 결론은, GH나 신보는 아까 말씀드렸던 것처럼 흔적도 남기지 않고 사라지는 게 아니고, 지금도 GH는 북부지사가 있단 말이에요. 그런데 여기는 일부는 남부지사 형태로 유지할 수밖에 없어요. 신용보증기금 재단도 마찬가지입니다. 여기는 상당한 기능이 남을 수밖에 없다… 그래서 다 없어지는 건 아니고, 다만 이제 좀 과중한 부분들은 다른 용도로 하되 저는 가능하면 이거를 무슨 아파트 지어서 분양할 건 아니고 일단은 지금 이미 도의 업무 공간이 부족합니다.

지금 증축도 하고 있는 거 다 아실 테고요. 더 부족할 겁니다. 어쨌든 그런 활용 방안이 있고, 두 번째는 가능하면 기업이나 업무 시설로 바꿔서, 기업이나 해당 지역 주민들에게 도움이 되는 쪽으로 할 테고요.

성남시의 주요 공기업들 다섯 군데가 지방으로 이전을 했는데, 당초에 성남시민들은 걱정을 엄청나게 많이 했습니다. 왜냐하면 그 5개 공기업을 만든 이유는 분당에 자족 기능을 갖춰 주기 위해서 일부러 배치했던 건데 그것도 일관성이 없는 거죠. 사실은 그 신도시형으로 일부러 옮겼는데 다 지방 균형 발전한다면서 그걸 또 빼버리니까 일관성도 없고 또 한 가지는 지역 주민들 입장에서 '저거 빠져나가면 지방세에다가 일자리에 지역 경제에 엄청난 타격이 있을 거'라고 해서 제가 주민들한테 설득을 했어요. 더 낫다, 차라리 더 나아질 수 있다, 공기업들보다는 민간 기업들이 유치될 경우가 훨씬 더 활력이 넘칠 수 있다고 설득했는데 안 믿었다가 최근에는 오히려 잘했다는 얘기들이 좀 있다는 말씀드리고요. 행정 일관성을 지키는 것도 매우 중요한 가치인 건 분명한데 그러나 또 불가피한 경우에는 바꿀 수밖에 없고, 그 일관성을 훼손한 데 따른 그런 문제들은 또 보완해 가면서 전체적으로는 정책이 더 효율성을 가지면 좋지 않을까 생각합니다.

첫 번째 말씀하신 부분(충분한 협의와 준비 부족)은 저도 많이 이해를 합니다. 과정상 너무 급박하게 충분한 협의 논의 또 검토 또 효율성에 대한 검증 이런 게 필요했다는 말씀을 이해합니다. 이해하는데, 사실은 북부나 동부로 이전하는 게 효율적이냐 안 효율적이냐죠. 그건 뭐 검증 안 해도 다 알 수 있어요. 필요하냐, 그거 연구하고 검증 안 해도 필요하죠. 이전 지사들도 맨날 했던 공약들 아니에요. 이거 선거 때마다 나와서 막 옮기겠다, 균형발전하겠다고 했는데 실제로는 결단을 못한 거였죠. 사실은 결단의 영역이어서, 관계 당사자들 입장에서 보면 좀 불편하고 또는 좀 의심되는 그런 측면들이 있었던 것 같습니다."

(이재명 경기도지사, 2021.4.22)

그렇게 50분이 지날 무렵, 가장 아픈 목소리가 나왔다. 경기도 공공기관 노조연합회의 목소리, 경기도 공공기관 종사자들을 대변하는 경기도공공기관노동조합연맹 의장은 크게 3가지 송곳 질문을 던졌다. 산하기관 이전이 과연 도지사의 권한이 맞는가, 타당성 조사는 어디 있는가, 그리고, 사실상 강제 이주를 강요하는 건 헌법에 보장된 기본권을 침해하는 행위 아닌가?

"(3차 이전기관 발표) 기자회견 당일 날 지사님께서는 출퇴근 지원을 하지 않음으로써 소속 직원들의 이주를 목적한다. 이런 말씀을 하셨습니다. 뭐 다른 취지가 있으셨겠지만 이 말을 듣고 우리는 굉장히 큰 충격을 받았습니다. 우리가 그냥 상식적으로 생각해 봐도 우리 직원들하고 가족들은 거주를 선택할 권리가 있고 직업도 우리가 선택할 자유가 있고 맞벌이 부부일 경우에는 그 기관 이전하게 되면 또 한 명 그만둬야 될 상황이 생깁니다.

그리고 이렇게 되면 우리의 근로의 권리까지 침해하는 겁니다. 그리고 부동산이 이렇게 난리인데 지금 거주지를 매각하거나 또 임차하거나 이런 게 너무나 힘들고, 이 상황에서 재산권 침해도 발생할 수 있습니다. 그리고 자녀들 교육 문제, 이런 것들이 다 헌법상 기본권을 침해하는 것으로 생각이 됩니다.

기본권 침해는 물론 공공 복리를 위해서 할 수 있겠으나 불가피하게, 지사님 잘 아시겠지만 법에서 정한 절차에 따라서 그 침해가 최소한이 되도록 해야 되는데, 거기에 대해서 전혀 이런 방법도 없다고 발표하고 발표 전에 물론 이런 협의 과정이 있어야 되겠지만 두 달이 지나도록 단 한 번도 저희하고 협의한 적이 없습니다. 그런데 이런 상황이 너무나, 우리 헌법에서 이렇게 규정하고 있고, 우리가 그냥 글자를 읽을 줄 아니까, 이렇게 우리가 사는 대한민국에서 이런 법이 있는데 왜 우리한테 적용이 안 되는지, 이런 사실이 우리 눈앞에 벌어지고 있고 이게 법을 우리의 기본권을 침해한다고 계속해서 말하고 있고, 언론에서도 써주고 있고 한데도 한 번도 (지사님은) 대답을 안 했었습니다. 너무나 답답합니다. 우리 공공기관 직원들이 뭐 숫자가 많지 않아서 이렇게 대답을 안 해주시는 겁니까?"

(경기도공공기관노동조합연맹 의장, 2021.4.22)

앞서 이재명은 지방 이전 계획을 밝히는 2021년 2월 17일의 기자회견에서 이전하는 기관 종사자들에 대한 지원은 어떻게 할 생각이냐는 기자 질문에 대해 출퇴근이나 관사 지원 계획은 생각하지 않는다며 기본 목표는 해당 지역으로의 이전이라고 밝혀 '강제 이주' 논란에 휩싸이기도 했다. 여기에 강하게 반발하며 노조가 던진 질문, 지역균형발전이라는 대의를 위해 소수에 대한 기본권 침해는 정당성을 가져도 된다는 말인가? 그 애타는 질문에 대해 이재명은 충분히 그 심정을 이해한다는 말로 입을 열었다.

"그래요. 제가 보기에는 공기업 공공기관 이전에 대해서 제일 아마, 어쩌면 부담이 큰, 어려움이 큰 분들이 바로 임직원들인 것 같아요. 그중에서도 선출 임기제는 좀 다를 수 있으니까, 그런데 상근 직원들 이분들은 어떤 어려움이 있는 거, 제가 충분히 이해를 합니다. 결국은 결단의 문제고 책임은 제가 질 수밖에 없는 것이고요. 우리는 1,300만 도민 그리고 우리 경기도 전체를 보는 게 의무인 사람들이죠. 해당 기관의 직원들 입장에서 옮기면 아무래도 불편하고 이사도 가야 되거나 아니면 장거리 출퇴근을 해야 되는 부담이 있는 게 분명합니다. 그게 좋을 리가 없죠. 그런데 기본권과 관련된 얘기를 하면 저는 이게 기본권의 침해라든지 아니면 전에 그런 표현도 많이 쓰시는 것 같은데, 강제 이주다, 저 강제로 이주하라고 한 일이 없어요. 어쨌든 그런 선택을 강요당한다는 측면에서는 피해일 수는 있죠. 그러나 그걸 러시아 우즈베키스탄으로 이주시키듯이 하는 강제 이주는 아니죠. 선택할 수 있으니까,

(산하기관 이전이 도지사 권한인가는 질문에 대해) 개별 사업체와 여러분들의 입장은 조금은 다르다, 저는 그렇게 생각합니다. 준공무원이잖아요. 자기의 이익을 위해서 하는 사업자도 아니고 그야말로 이윤을 주목적으로 하는 조직도 아니고 광의로 보면 우리 도민들이 내는 세금으로 도의 공익 목적을 달성하기 위해서 일하는 공직자들인 거죠. 그래서 저는 이게 민간기업하고는 좀 다르게 접근할 필요가 있다고 생각합니다. 그래서 저는 이게 기본권 침해라는 것은 좀 동의하기가 어렵고요.

(출퇴근이 아니라 해당 지역으로의 이주가 기본 목적이라는 자신

의 발언에 대해) 다만 섭섭할 수 있는 건 제가 또 이해해요. 아까 말씀하신 그 부분 정말 화날 겁니다. 관사 제공하고 최근에는 버스 통근 수단을 제공해야 되는 거 아니냐, 이런 얘기하는데, 제가 그런 요구들이 있을 것이 충분히 예상되기 때문에 사실 그 말씀을 미리 좀 드린 거예요. 경기도는 하나의 관할 구역이고 하나의 행정구역이고 어쨌든 불편하긴 하지만 출퇴근이 불가능한 것도 아니고, 지금 정부 산하 공기업들 진주로 어디로 옮긴 거하고 좀 다르잖아요. 그리고 경기도 내에서 공공기관 직원들이 공기관을 이전했다는 이유로 원하는 만큼의 관사를 제공하는 거는 제가 보기에는 우리 도민들의 눈높이에 전혀 맞지 않다 그런 생각이 들어서 제가 미리 말씀드렸는데 섭섭한 건 이해하지만 이 문제에 대해서는 좀 세부적인 얘기들은 나중에 한 번 좀 더 해볼 수는 있을 것 같아요."

(이재명 경기도지사, 2021.4.22)

이날 토론회는 끝이 아니라 시작이었다. 이후 내밀한 협의가 실무 차원에서 이뤄졌다. 토론회 20여 일 뒤인 5월 10일 법원은 주민들과 노조가 제기한 '제3차 경기도 공공기관 이전계획 집행정지 가처분 신청'을 기각했다. 그러자 이재명은 반대 의견도 적극 수렴하겠다며 자신의 SNS에 이렇게 썼다.

"균형발전은 '하면 좋은' 미덕이 아니라, '안 하면 큰일 나는' 중대 문제입니다. (중략) 아울러, 소송을 무릅쓸 정도로 깊은 관심을 갖고 계신 주민, 직원분들의 안타까움과 어려움을 충분히 이해합니다. 그분들의 어려움과 반대 의견까지 적극 수렴해서 함께 사는 세상, 억울한 사람도 지역도 없는 경기도의 동력으로 만들겠습니다."

(이재명, SNS, 2021.5.12)

이재명은 모든 갈등을 척척 해결해 나간 마법사는 아니다. 분명한 것은 갈등과 반발이 두려워 일을 접은 게 아니라 최대한 그 일이 많은 사람의 합의 속에 제대로 추진될 수 있도록 노력했다는 점이다. 반대하면 속상하고, 특히 직원들이 내 지시에 따르지 않으면 열불도 날 수 있다. 그러나 결정은 신중히 하고, 추진 과정에서의 반대와 비판은 상대가 내부이든 외부이든 얼굴 맞대고 대화하며 풀고자 했고, 상대의 펀치에 얻어

맞으면서도 맷집 좋게 진솔한 답변과 논의를 계속했다. 논의 과정에서 더 나은 안이 나오면 속도와 방향을 조절하기도 했다. 경기도 공무원 명찰 패용 논란이 대표적인 사례이다.

"이재명 경기도지사의 명찰 패용 지시에 도청 직원들이 반발했다. 8일 경기도청공무원노동조합은 '이재명 지사의 전 직원 명찰 패용 지시에 강력항의해 보류 결정을 이끌어냈다'고 말했다."

(국민일보, 2018.7.9)

이재명은 도지사 취임 직후 주권자인 국민에게 친절하고 책임 있게 자신을 알리는 것은 공무원의 의무라는 명분으로 명찰 패용 지시를 내렸다. 그러자 경기도청 3개 공무원 노조는 명찰 패용은 이미 공무원증을 패용하는 상황에서 실용성이 떨어지는 일방적 지시라고 반발했다. 보수언론들은 이를 큼지막하게 보도했고, 그 상황에서 이재명은 주관 부서인 인사과에 '토론을 거쳐 합리적 대안을 마련하라'고 지시했다. 이후 3개 노동조합 관계자들과 직접 만나 명찰 패용의 원래 취지를 재

확인하는 동시에 이에 걸맞은 방법을 함께 모색했다.

"이재명 지사는 20일 유관희 경기도청공무원노동조합 위원장, 윤석희 전국공무원노동조합 경기도청지부 지부장, 백승진 경기도통합공무원노동조합 위원장 등 3개 노조 대표와 첫 상견례를 겸한 오찬 간담회를 가졌다. (중략) 이 지사는 명찰 패용과 관련해 '(명찰 패용 문제를) 같이 얘기하고 추진했어야 하는데 직원 입장에서는 일방적이라고 생각할 수 있을 것이지만 주권자 입장에서 생각하면 자신의 업무를 대리하는 공무원에 대해 알 권리가 있다'며 '합리적으로 조정해서 진행하겠다'고 말했다. 유관희 경기도청공무원노동조합 위원장은 '실명을 드러내면 책임감도 가지고 행정이 달라질 수 있기 때문에 편하게 볼 수 있게 한다는 데 동의한다'면서 '경기도 슬로건이 교체되면서 공무원증도 바꿔야 하니까 그때 이름을 넣는 방안도 고려해 달라'고 말했다."

(경기도뉴스포털, 2018.8.20)

내부 반발에 대해 때로는 불도저처럼 밀어붙이고, 때로는 충분한 토론 끝에 수정하는 이재명 리더십은 그때그때 달라지는 좌충우돌처럼 보일 수 있지만, 실은 하나의 공통적인 맥락 속에 진행되어 왔다. 바로 '공복'이라는 인식이다. 도지사인 자신도 국민의 공복이고, 공직자인 여러분도 국민의 공복인 이상, 우리 함께 각자의 위치에서 공복으로 주어진 권한과 책임을 십분 활용해 국민을 위해 일하자는 일관된 인식과 실천이다. 그의 '공복' 리더십에 관한 흥미로운 에피소드로 이번 장을 마무리한다.

"일화가 하나 있어요. 처음 성남시장에 도전했을 때 무명의 정치신인이 도전하니까 당시 새누리당인가요? 그 당에서 성남시 행사를 하면 야당 후보인데도 자리를 안 내줘요. 이재명 대통령이 또 만만한 사람이 아니잖아요. 자리를 안 주니까 의자 들고 가서 그 옆에 가서 앉는 거예요. 다른 사람 같으면 안 가고 말죠. 그러니까 성남시 공무원이 와서 내쫓은 거예요. 정해진 사람들만 들어올 수 있다, 나가라… 그러니까 이제 쫓겨서 나왔죠. 이름을 적어놨어요. 그다음 당선이 됐잖아요. 첫인사할 때 이 사람 지금 어디에 일하고 있나요?… 다들 이제 '뒤끝

작렬이네' 이랬는데, 그 사람을 제일 선호하는 부서에다 보내요. 공무원들이 가장 가고 싶어 하는 자리에. 이 사람은 자기에게 주어진 임무를 정확하게 양보하지 않고 수행했다, 공무원으로서는 가장 훌륭한 태도를 보여준 거다…."

(방현석 중앙대 교수, 스픽스 인터뷰, 2025.7.10)

확인문제

경기도 공공기관 이전 관련 치열한 내부 반발에 이재명은 어떻게 대응했을까?

심화문제

9시 출근이 내가 회사 입구를 통과할 시점인지, 자리에 앉는 시점인지를 구체적으로 명시해 달라고 질문하는 등 갈수록 개성과 인권 의식이 뚜렷해지는 직원들의 의견을 통합해 성과를 도출해야 하는 리더 입장에서, 조직 내 반발에 효과적으로 대응할 방법은 뭐가 있을까요?

_ 인용자료

- [LIVE] 경기도 공공기관 이전, 기탄없이 난상 토론 합니다. (이재명TV, 2021. 4. 22)
  https://www.youtube.com/live/1TZmLl8wI40?si=4AKy9vXspszAdG74
- 방현석 중앙대 교수 인터뷰 영상 '행사장에서 이재명 후보 쫓아낸 공무원! 어떻게 되었다고?' (스픽스, 2025. 7. 10)
  https://youtu.be/g351eY58dIA?si=sOSNERBcxWjxOVA7
- 경기도, 공공기관 이전 관련 현안 해결 위해 '난상 토론회' 개최 (경기도뉴스포털, 2021. 4. 19)
- 이재명 '공공기관 이전, 공정의 가치에 부합하고 균형발전을 위한 길!' (오마이TV, 2021. 2. 17)
- 이경영, 최근호, 『공공기관 지방 이전 효과에 대한 지역 주민의 인식 연구』 (한국조세재정연구원, 2023. 12)
- 강윤주, " '이재명만 지키는' 이재명 리더십 유감" (한국일보, 2024. 2. 27)
- 김민석 간담회, "국힘, 백날 이재명 욕해봐라"… '리더십 10가지' 꼽은 김민석" (MBC뉴스, 2025. 02. 23.)
- "이재명 경기도지사, '야당이냐, 여당 내 새로운 리더십이냐 아직 미정' " (MBN시사스페셜, 2021. 8. 8)
- 박정훈, 이재명, 공공기관 이전 집행정지 가처분 기각에 '당연한 결과' (오마이뉴스, 2021. 5. 12)
- 이준균, 이재명 지사, 공무원노조와 소통… '국민 기대 부응하는 공직사회 함께 만들자' (경기도뉴스포털, 2018. 8. 20)
- 박혜빈, "이재명 지사 명찰 패용 입장 표명, '자신을 알리는 것은 공무원의 의무' " (한국금융경제신문, 2018. 7. 11.)
- 선경철, "공공기관 이전 지역 성장잠재력 높인다" (정책브리핑, 2005. 4. 20)
- 이재호, "경기도 공공기관 이전 결정 논란… 이재명 '흔들림 없이 계속' [전국네트워크]" (MBNNews, 2021. 2. 23.)
- 이영규, "[데스크칼럼] 갈길 먼 경기도의 공공기관 이전" (아시아경제, 2022. 3. 14.)
- 권상은, " '큰 선거 준비 위한 정치적 입장'… 이재명 '7개 공공기관 이전'에 수원 도의원 반발"(조선일보, 2021. 2. 18.)
- 장충식, "경기도 공공기관 북부 이전 갈등 매듭… 道 '취소 없다' " (파이낸셜뉴스, 2022. 11. 4.)
- 최모란, "도민은 찬성, 공무원은 반대… 경기도 공무원 가슴에 명찰 달까?" (중앙일보, 2010. 8. 9.)
- 홍용덕, "이재명, '책임 행정' 강조하며 명찰 달아… 도청 공무원들 반발" (한겨레, 2019. 10. 19.)
- 양규원, "경기도 '공무원 명찰 패용' 엇갈린 의견 시민 78% 찬성 vs 공직자 79% 반대" (경기신문, 2018. 8. 9.)
- 해결사, 명찰 패용 해결 방안 (경기도청공무원노동조합 게시판, 2018. 7. 11)

나의 생각

나의 질문

ⓒ 대한민국 대통령실

도시개발사업의 인허가권은

어떻게 행사되어야 하는가?

대장동과 엘시티

누가 봐도 돈이 안 되지만 꼭 필요한 도시개발사업이 있다면, 이걸 누가 해야 할까? 그렇다. 공공이 시행하겠지, 이에 대해 이견이 없을 거다. 문제는 이럴 경우다. 누가 봐도 돈이 되는, 즉 막대한 시세차익이 예상되는 대규모 도시개발 사업이 있다면, 당신이 만일 인허가권을 가진 지자체장이라면, 다음 중 어떤 방식으로 추진돼야 한다고 보는가?

1) 민간 단독으로 추진되어야 한다.
    (능력 있는 민간 참여를 통한 사업 성공이 공익 실현)
2) 공공 단독으로 추진되어야 한다.
    (대규모 시세차익은 공공의 이익을 위해 쓰여야 함)

3) 공공과 민간이 함께 추진해야 한다.
(민간의 효율적 참여 속 공공 환수 끌어올림)

2020년까지는 2번도 3번도 아닌 1번, 즉 민간 단독개발이 정답처럼 여겨졌다. 실제로 국토교통부가 국회에 제출한 자료에 따르면 2000년 7월부터 2020년 12월까지 전국적으로 자치단체장 등이 민간사업으로 인가한 도시개발사업 338건 중 거의 대부분을 민간 단독사업으로 인가했다. 어차피 아파트를 공급하려면 민간 참여가 필요하고, 민간 참여를 유도하기 위해서는 민간이 돈을 벌게 해줘야 한다는 게 도시개발 입법취지라고 생각하는 분위기였다. 돈 되는 도시개발은 민간이, 돈 안 되는 도시개발은 공공이 하는 게 맞다고 목소리를 높이는 이들도 많았다. 그렇게 민간 단독으로 시행된 도시개발에서는 수백, 수천억 원대 이익이 생겨도 대부분 민간이 가져갔다. 지자체에 돌아오는 공공 환수는 법에 의무화되어 있는 '도시개발사업 구역 내 도로' 등 기반 시설이 고작이었고, 그런 도로마저 지자체 돈으로 닦아준 사례도 등장했다. 부산 해운대 엘시티 개발이 그랬다. 이렇다 보니 '도시개발' 하면 두툼한 돈뭉치가 오가는 뇌물과 비리의 상징으로 여겨졌다.

"부산지법 제6형사부는 2022년 2월 15일 뇌물공여 혐의로 기소된 엘시티 실소유주 이영복 회장과 엘시티 측의 명절 선물을 수차례 받아온 전·현직 공무원 9명에게 자격정지와 벌금형을 선고했다."

(로이슈, 2022.2.16)

그런데 지난 2010년, 돈 되는 도시개발사업일수록 공공이 추진해야 한다고 목소리를 높이는 기초단체장이 등장했다. 그는 민간이 하던 일을 시가 주도해 개발이익을 가지면 안 된다는 사람들한테 '나는 반대로 생각한다'라며 이렇게 말했다. 토지는 공적 재화이며 행정 권력은 시민에게서 오는 것이기에, 이런 권력을 행사해 공적 재화인 토지 개발을 통해 생기는 이득은 당연히 공적으로 취득해 공익을 위해 쓰는 게 맞다고.

"(부산 해운대) 엘시티 얘기를 잠깐 드려볼게요. 부산도시공사는 적자가 2조 원이라는데 이걸 공공 수용해갖고 토지를 취득한 다음에 그냥 팔아버렸어요. 민간에, 또 부산시는 인허가 해줘갖고 초고층 지어서 1조 원 남겨 먹었다는 거 아닙니까, 만약에 제가 부산시장이었으면 이렇게 했을 겁니다. (도시공사가) 토지 수용을 이미 했잖아요, 또 이미 거의 도시공사 것이지 않습니까? 그러면 민간사업자들한테 '자 부산시에 가장 이익 많이 줄 업체 손드세요' 입찰합니다. '지금부터 가장 많이 이익 주는 업체한테 맡깁니다' … 그랬으면 1조 원이 남는 사업이었으니 최소한 제가 보기엔 (공익환수액) 3~4천억은 제시했을 겁니다. 3~4천억 원은 무조건 주고, 분양이 되든, 안 되든, 부동산값이 오르든 내리든 상관없이 당신들이 돈 다 대고, 분양 다 책임지고, 위험 부담 다 해서 가지든지 말든지 알아서 하시고, 부산시는 또는 부산도시공사는, 3천억 내지 5천억을 사전에 확정한다고 미리 받는다… 이렇게 했으면 거기서 뭐 특혜 분양 받고 뇌물 주고받고 온갖 냄새 나는 부정부패 생겼겠습니까? 문제는 이 나라 망국의 원인이라고 할 수 있는 토지 투기 세력들의 토지 불로소득을 막아야 됩니다."

(이재명, 국회기자회견, 2021.9.24)

자 이제 본격적으로 대장동 이야기를 들어보자. 사실 그가 등장하기 전까지는 수도권 노른자위 땅인 대장동의 운명은 정해져 있었다. 민간 단독개발로. 원래는 LH가 공공개발을 하는 지구였지만 어느새 민간 단독개발로 바뀌었다.

"성남시 대장동 지구는 원래 LH가 공공개발을 하고 있었습니다. 그런데 지금 어디 사라졌다고 하는 모 변호사가 중심이 돼서 대장동 일대 토지를 다 샀어요. 이미 LH가 공공개발을 하고 있는데 왜 샀겠습니까? 수용당하기 위해서? 당시 토지 시세의, 제가 알기로는 3배에서 5배가량의 가격을 쳐주고 계약금을 10%씩 주고 샀습니다. 그래서 이들은 공공개발을 하면 망하게 돼 있었어요. 그런데 과감하게 샀습니다. 그리고 신영수 전 국회의원과 같은 현대그룹에 근무했던 이명박 당시 대통령이 이렇게 지시를 하죠. '앞으로 토지 개발 사업은 민간에서 개발 이익이 남아서 민간이 하겠다는 것은 LH가 하지 마라'라고 지시합니다. 그리고 이 개발업자로부터 뇌물을 2억 원인가 2억 5천만 원인가 받은 국회 보좌관 친형인 신영수 국민의힘 국회의원이 국정감사에서 LH에게 이렇게 얘기합니다.

성남 제1공단 공원조성사업 설명하는 이재명 (2017.3.7)

'대통령도 얘기했지 않냐 민간에서 하겠다는데 민간이 개발 사업해서 이익이 남을 수 있는 건 LH가 손 떼라' 이러니까 제가 알기로는 이지성 당시 LH 사장도 이명박 대통령 친구라고 알고 있는데 이분이 국정감사에서 이렇게 얘기합니다. '대통령께서도 말씀하시고 앞으로는 정관에 따라서 공공사업 즉 돈 안 되는 사업만 하겠습니다'라는 취지로 대답합니다. 그리고 2010년 6월에 공공개발을 포기합니다."

(이재명, 국회기자회견, 2021.9.24)

그런데 예상치 못한 변수가 등장했다. 공공개발론자인 이재명이 성남시장으로 당선된 거다. 사실 그 전부터 성남시민들 사이에서는 '대장동'이 또 하나의 비리투성이로 예상되는 뜨거운 화두였다. 이를 공공개발로 다시 돌리겠다는 공약을 제시한 이재명이 성남시장에 취임한 것은 2010년 7월이었고 이때부터 대장동의 시계를 공공으로 돌리려는 이재명과 민간으로 확정하려는 성남시의회 다수당 당시 한나라당 의원들 간의 불꽃 튀는 논쟁이 시작됐다.

"이재명 시장은 '비리투성이'라 지적되던 대장동을 공영개발로 전환하겠다고 공언하며, 민간개발을 막고 도시개발공사를 통해 공공이익을 환수하려 했습니다. 하지만 현실의 벽은 높았습니다. 당시 성남시의회는 한나라당(현 국민의힘) 의원들이 다수를 차지하고 있었고, 이들은 이 시장의 공영개발 추진에 극렬히 반대했습니다. 성남도시개발공사 설립안은 번번이 좌절되었고, 중앙정부의 협조도 얻기 어려웠습니다. 이재명 시장은 포기하지 않고 집요하게 밀어붙였습니다. 우여곡절 노력을 기울인 끝에, 2014년이 되어서야 성남시의회의 동의를 얻어 성남도시개발공사를 출범시키면서, 성남시와 민간이 '대장동 개발사업'을 공동으로 추진할 수 있게 되었습니다. 어려운 여건에서 민관공동사업이 성사된 데는, 이재명 시장의 뚝심과 행정 능력이 크게 작용했습니다."

(정재홍 감정평가사, 2025.5.23)

이재명은 원래 지방채를 발행해서 공공이 완전히 대장지구 개발을 주도하도록 판을 짰다. 그러나 당시 이명박, 박근혜 정부로 이어지는 중앙정부의 '민간 주도' 노선과 집요한 성남시 내부 반발의 역학관계를 고려한 뒤 성남시와 민간이 공동으로 추진하는 민관합작모델로 판을 다시 그렸다. 그러면서 무엇보다 성남시가 가져갈 이익의 확정적 보장에 방점을 찍어 공개 입찰을 냈다.

"다행히도 민관 합작 개발하는 것은 성남시장의 전속 권한이어서 제가 민관 합작을 하게 된 거죠. 민관 합작은, 돈은 민간이 댄다. 우리가 의결권 과반수를 가지고 마음대로 못 하게 막는다. 그리고 성남시에는 이익을 확정적으로 보장한다. 이익을 확정적으로 보장하지 않으면 자꾸 로비하고 또 비용 부풀리고 이런 부정부패가 발생하기 때문에, 제가 이익이 나든 말든 손해가 얼마 되든 이익이 어떻게 되든, 무조건 비용은 본인들이 다 부담하고 사업은 전부 다 민간에서 하고, 땅값이 오르면 이익 보겠지만 그건 알아서 하고, 땅값이 떨어져서 손해 보더라도 상관없이, 무조건 성남시에는 4,600억을 보장한다. 그리고 1,800억 이상 되는 임대 주택 부지를 무상 제공한다. 이 두 가지를 저희가 확보를 했습니다. 그리고 여러분 아시다시피 제가 입찰을 한 거예요. 입찰…, '돈 다 대시고 위험 다 부담하고 사업 다 수행하고 성남시의 이익 제일 많이 보장하는 사업자한테 민관 합작에 참여할 기회를 줄 테니까 참여하십시오.'… 한 달 이상 공고 내고 국내 굴지의 금융그룹 3곳이 입찰에 응한 거예요. 그중에서 성남시에 안전하게 가장 많은 이익을 보장하는 곳을 선택했습니다."

(이재명, 국회기자회견, 2021.9.24)

이처럼 '민관 합동 개발' 방식을 고수하면서 성남시는 대장동 사업을 통해 모두 5,503억 원 규모의 공공이익을 환수했다고 주장해 왔다. 현금 배당 수익 1,822억 원에 약 2,561억 원 상당의 1공단 시민공원 조성과 1,120억 원 상당의 서판교 터널 및 진입도로 등 기반 시설 설치까지, 반면 검찰은 공공 환수는 1,822억 원에 불과하며 1공단 시민공원과 터널 등 3,681억 원은 대장동 사업회계 서류에 사업비로 기재되어 있기에 그 액수는 공공 환수로 볼 수 없다는 논리를 펴왔다. 이에 대해 정재흥 감정평가사는 공원과 터널에 들어간 돈 3,681억 원을 공공 환수로 부르든 사업비로 부르든 본질은 대장동 사업을 통해 성남시민들이 그만큼의 혜택을 받은 것이며 이런 성과는 그동안 어느 지자체도 해내지 못한 도시개발 사업의 전무후무한 성과였다고 평한다.

"3,681억 원을 검찰 주장대로 사업비로 부르든, 이재명 시장 주장대로 공공 환수라고 부르든 본질은 동일합니다. 이들 공원과 터널 등은 대장동 개발사업자가 대장동 개발이익으로 조성하여 성남시에 무상으로 기부채납하였고, 성남시민이 이용하고 있습니다. 감정평가사인 필자의 눈에 이 5,503억 원은 이재명 시장의 행정과 노력으로 이루어진 것이라 생각합니다. 이 5,503억 원은 우리나라 도시개발사업 역사상 전무후무한 독보적인 공공환수입니다."

(정재흥, 감정평가사, 2025.5.23)

비슷한 시기 다른 곳에서 진행된 사업과 비교해 보면 명확하다. 부산 엘시티 개발사업(해운대 관광리조트 개발사업)은 초고층 주상복합을 짓는 대형 프로젝트로 분양 수익은 2021년 기준 4조 5,000억 원으로 추정됐다. 이후 부동산 가격이 폭등해 개발이익은 대장동을 훨씬 웃돌았지만 개발이익은 민간사업자가 모두 가져갔고 공공 환수는 찾아보기 힘들었다. 오히려 진입도로 등의 기반 시설을 부산시 예산 1,000억 원을 들여서 조성해 줬다. 이후 사업의 성공은커녕 공실 문제가 불거졌고 사업 인허가 과정에서 정·관계 로비와 뇌물 수수로 허남식 전 부산시장 등 여러 인사가 뇌물 혐의로 처벌받았다. 당시 부산 지역에서는 민간 업자한테 해운대 앞을 앞마당처럼 쓰게 해주고도 공공 환수는 찾기 힘들다며 관련 규정과 지자체 인식을 바꿔야 한다는 지적이 계속되고 있었다.

"각종 비리로 얼룩졌던 해운대 초고층 엘시티의 경우 해운대 해수욕장을 앞마당처럼 쓰고, 개발업자가 막대한 이익을 챙겼음에도 공공이익 환수는 찾기 힘들다. 남구 용호만을 매립해 만들어진 초고층 아파트인 더블유도 감사원이 239억 원의 이익 환수가 필요한 것으로 봤지만, 부산시가 사전에 근거 규정을 마련해 놓지 않은 탓에 120억 상당의 건물 납부로 끝이 났다. 해운대 대표적인 부촌인 마린시티도 지구단위 계획 변경이라는 특혜를 통해 당초 설계보다 2배 많은 지금의 가구 수(5천638가구)로 건립됐지만, 공공이익 환수는 275억 원 상당의 건물 납부에 그쳤다."

(연합뉴스, 2022.3.25)

양평군 공흥지구 개발은 아예 개발 부담금이 0원이었다. 공흥지구는 원래 한국토지주택공사(LH)가 국민임대주택 공급을 위해 공공개발하려던 부지였지만 2011년 7월경 양평군의 반대로 무산됐고, 이후 양평군은 약 4개월 만에 한 업체가 신청한 민영개발을 초스피드로 인허가를 해줬다. 그렇게 민간 단독으로 공흥지구를 개발한 그 업체는 개발부담금을 단 한 푼도 내지 않았다. 지난 10년간 양평군에서 이뤄진 주택개발 중 개발부담금을 단 한 푼도 내지 않은 사례는 공흥지구가 유일했다. 논란이 불거지자 양평군은 뒤늦게 개발부담금 1억 8천여만 원을 부과했다. 그 사업체가 바로 그 당시 여주지청장이던 윤석열 검사의 장모 최은순 일가가 운영하던 가족 회사였다.

반면 성남시의 대장동 개발사업의 경우 대장동 일원에 공동주택 5,903세대를 조성하고 신흥동 제1공단 부지를 공원화하는 약 1조 5,000억 원 규모의 민관공동개발사업으로 대장동의 사업초기 개발 이익금 예상 규모(6,300억 원)는 부산 엘시티(7천억 원)보다 적었지만 배당금과 공공기여 등으로 5,503억 원을 공공 환수했고 사업 구역 내 공원, 주차장, 학교 등 약 7,630억 원에 달하는 기부채납까지 받아내는 등 엘시티와 비교할 수 없는 공공 환원 효과를 얻었다. 사업 추진 과정에서 민간 업체로부터 '너무 한다'는 볼멘소리를 들을 만큼 지독하게 공공 환수를 시행했다. 사업 초기 개발 예상 수익이 6,300억 원으로 추정될 때부터 성남도시개발공사는 안정적인 이익 배당을 위해 우선주를 선택해 임대부지 배당금(1,822억 원)을 사전확정 명시하고 공원 및 주차장 조성 사업비 2,761억 원을 민간 부담으로 협의하면서 기대수익의 약 70%를 공공이익으로 선점했고, 이후 진행 과정에서 예상치 못한 부동산 가격 상승으로 개발 이익이 더 높아질 것으로 확실시 되자 터널공사, IC확장 등에 대한 사업비 민간 부담으로 약 920억의 추가 환수를 이뤄냈다.

"제가 인가 조건에 나중에 집값이 좀 오르는 것 같아서 920

억 원을 추가 부담시켰는데, 그거 역시도 (민간 업체) 그들이 할 의무가 없는 건데, 제가 성남시 예산으로 할 걸 그들에게 부과시킨 거예요. 그래서 그분들이 저한테 깡패, 양아치 심지어 공산당 같은 요구를 했다. 인허가권을 남용해서 너무 민간 사업자한테 돈을 많이 뺏는다… 화천대유가 제 것이었으면 제가 저한테 뺏었겠습니까? 민간개발 하지 공공개발을 하겠어요?"

(이재명, 국회기자회견, 2021.9.24)

공산당 소리를 들을 만큼 독하게 집행했다…. 실제로 정재홍 감정평가사는 당시 이재명 성남시장이 대장동에 적용한 방식은 시민 이익 극대화를 위해 당시 전국 어느 자치단체장도 시도하지 못한 혁신적 발상이었다고 평한다.

"주목할 점은 도시개발법에 규정된 결합개발 방식의 창의적 활용입니다. 이재명 시장은 도시개발법상 허용된 결합개발 제도를 국내 자치단체장 중 최초로 적용했습니다. 대장동 사업 구역과 약 10km 떨어진 신흥동 제1공단 부지 '시민공원'

조성 사업을 하나의 사업으로 묶어, 대장동에서 얻는 개발이익의 일부로 '시민공원'을 조성하여 성남시에 기부채납하도록 한 것입니다. 그 결과 성남시는 별도의 예산 투입 없이 신흥동에 대규모 시민공원을 조성할 수 있었습니다. 전국 어느 자치단체장도 시도하지 못한 혁신적인 발상이었습니다."

(정재홍, 감정평가사, 2025.5.23)

사실이 이러함에도 검찰은 이재명을 대선 정국 한복판에서 수백 명의 수사 인력을 투입해 수백 차례 압수수색을 단행하며 대장동에서 '왜 그 정도밖에 못 걷었느냐, 더 걷을 수 있었는데'를 묻는 배임죄 등으로 기소했고 이재명은 많은 것을 잃었다. 그럼에도 불구하고 대장동 공익 환수를 통해 건립된 서판교 터널에는 하루 평균 1만 대의 차량이 오가고 있다. 대장동 공공 환수를 통해 마련된 4만 6,617m^2의 시민공원에는 오늘도 많은 성남시민이 하루를 시작하거나 하루를 마무리하고 있다. 그리고 이재명은 다시 대통령에 도전한 지난 2025년 5월, 멀리 일산대교를 보며 공공의 이익을 위해 자치단체장은 어떤 방식으로 인허가권을 행사해야 하는지 변함없는 자신의 소신을 피력했다.

"제가 하다가 못한 거는 신속하게 하도록 하겠습니다. 일산대교 무료화해 놨더니 제가 그만두고 나니까 곧바로 원상 복구됐던데 이제 대통령이 되어서 하면 누가 말리겠어요? 그걸 뺏겠다는 것도 아니고, 정상적인 가격을 주고 사서 국가에서도 부담하면 고양시 부담도 많이 줄어들 거니까 너무 걱정하지 마시고, 2,700억이면 된답니다. 원래는 경기도하고 김포, 고양, 파주 뭐 이렇게 해서 그때 끝냈는데, 이 정부(윤석열 정부)에서 안 된다고 바로 복구시켜 버리더라고요. 이거는 확실하게 제가 가장 빠른 시간 안에 처리하도록 하겠습니다. 그리고 말이 안 되잖아요. 아니 다리가 수십 개 있는데, 왜 거기만 돈을 내라고 그러냐고요. 그게 우리가 세금 내는 이유 아닙니까? 아니 고양 시민들은 세금 내서 한강대교도 만들었고, 다른 사람들은 무료로 다니는데 왜 여기만 돈을 내냐고요. 이 공동체의 원리에 부합하지 않죠. 이런 게 한두 개가 아닙니다. 사소해 보이지만 제가 민원 처리를 할 때 작은 것도 놓치지 말아야 된다고 하는 이유가 그겁니다. 국가, 대통령 입장에서 보면 일산대교, '아이고 저 수없이 많은 다리 중에 하나' 뭐 이럴 수도 있죠. 그러나 저 다리를 이용하면서 매일 열 받고, 그나마 하루에 2,600원씩 내는 거 합치면 한 달에 얼마예요. 그런 사람들 수십만의 삶이 달려있는 거다, 작은 민원 하나도 그러니 소홀히 여기지 말자, 작은 일을 많이 해야 큰일을 잘한다… 맞습니까?"

(이재명, 고양 유세, 2025.5.20)

확인문제

대장동과 엘시티 사업의 가장 큰 차이점은?

심화문제

이제 공익 환수를 강조하는 대통령과 집권 여당의 시대입니다. 이런 가운데 당신이 지자체장이라면, 지역민들이 원하는 다리를 민간 자본으로 건설할 때 통행료 징수가 필수적이라고 주장하는 민간 시행사와 무료화를 주장하는 주민들 사이에서 어떻게 권한을 행사할 것인가요?

_ 인용자료

- [기자회견 영상] 이재명이 직접 밝힌 '대장동 개발사업'의 진실 (오마이TV, 2021. 9. 24) https://youtu.be/-BMKm86eI64?si=L4_VIjx2LXOB2hB6
- 정재홍, '대장동사업이 문제인가, 대장동 수사가 문제인가' (민들레, 2025. 5. 23)
- 전용모, '부산지법, 엘시티서 뇌물 수수 전·현직 공무원 9명 자격정지·벌금형·추징' (로이슈, 2022. 2. 16)
- 차근호, '부산 바다 조망권 내주고도 공공이익 환수는 매번 진통' (연합뉴스, 2022. 3. 25)
- 이제항, '[국정감사] 해운대 엘시티 공익 환수 0원. 오히려 1,000억 원이 넘는 세금으로 기반 시설 지원' (스트레이트뉴스, 2021. 10. 18)
- 김현숙, '민주당, 윤석열 장모·김선교 의원 고발. 양평 공흥지구 특혜 관련' (일요신문, 2022. 1. 6)
- 유혜준, "성남시의 '배 째라' 모라토리엄 선언, 현명했다" (오마이뉴스, 2012. 4. 20)
- '이재명 대통령 선거 후보, 경기 고양시 집중 유세' (더불어민주당, 2025. 5. 20)

나의 생각 · 나의 질문

ⓒ 대한민국 대통령실

이재명 정책 성과 Before & After

성남시장 시절

3대 무상복지 정책 (청년배당, 무상교복, 공공산후조리원)

Before

저출생과 사회적 양극화가 심화되던 당시 성남시도 저소득층 가구가 많고 교육·복지 격차가 뚜렷했다. 교복 구매 가격 부담을 호소하는 학부모들과 민간 산후조리원의 높은 경제적 부담에 힘들어하는 산모들의 요구 등 보편적 복지에 대한 수요가 충분했지만 보편적 복지를 퍼주기, 포퓰리즘 정책이라고 반박하는 사회적 시선과 중앙정부 인식에 맞서 이재명 시장은 '3대 무상복지' 정책을 지자체 차원에서 과감하게 시작했다.

After

청년배당 취업이 어려운 청년들에게 일정 금액을 지역화폐로 지급하여, 생계 지원과 지역 경제 활성화를 동시에 추구했다.

무상교복 중·고등학생의 교복 비용을 전액 또는 일부 지원해 교육 기회를 평등하게 제공하고 가계 부담을 줄였다. 학교·지역 협력 체계를 구축해 학부모의 교육비 부담이 줄었고, 학교생활 만족도도 향상되었다.

공공산후조리 지원 출산 가정에 산후조리 비용을 일부 또는 전액 지원하고, 지역 병원·산후조리원과 연계해 시행했다. 그 결과 출산 가정의 경제적 부담이 줄었고, 지역 출산율이 소폭 상승하는 효과를 거뒀다.

예산 투입 3대 무상복지 정책의 총규모는 약 194억 원(청년배당 113억 원, 교복 25억 원, 산후조리 56억 원)으로, 성남시는 모라토리엄 이후 재정 건전성이 크게 강화되어 이러한 추진이 가능했다. 2015년 기준 지방세 수입은 1조 4,598억 원으로 전국 기초지방자치단체 중 최대 수준이었다.

| 시사점 |

중앙정부가 아닌 지방자치단체 차원에서도 보편적 복지가 가능하며 오히려 수혜자들의 체감도를 높이고 지역 경제에 긍정적인 파급효과를 주는 등 보편적 복지 정책에 대한 국민 신뢰 강화에 기여했다. 이후 기본소득과 기본사회 철학으로 진화했다.

소통과 주민 참여를 위한 행정 혁신

Before

성남시는 초호화 청사 논란과 연이은 부정부패 비리 사건 등 폐쇄적 운영에 따른 비리와 행정 불신이 팽배해 있었다. 이런 가운데 이재명 시장은 맨 꼭대기 층에 위치한 시장실을 2층으로 옮겨 열린 시장실을 운영하는 등 적극적인 소통과 투명한 행정으로 신뢰도를 높이려 했다.

After

시장실 CCTV 운영 시장실을 접근성이 높은 2층으로 옮겼고 시장실에 CCTV를 설치해 시민 누구나 인터넷으로 실시간 시청할 수 있도록 했다. 이를 통해 업무 투명성을 높였을 뿐 아니라 시장의 행위에 대한 불필요한 의혹을 차단하는 효과도 가져왔다.

시민감사관 제도 무작위 추첨이나 추천으로 선발된 시민감사관이 감사에 참여해 시에서 발주하는 각종 공사·용역·계약 과정의 투명성을 확보했다. 시민 눈높이에서 비효율과 부패를 견제하는 역할을 했을 뿐 아니라, 시정에 대한 시민의 이해도와 행정 신뢰도를 높이는 데 기여했다.

찾아가는 노상 방담   시장이 직접 공원이나 재래시장 현장을 찾아 시민과 대화하는 시정 방식으로, 생활 밀착형 민원을 즉각 수렴하며 '군림하며 민원을 들어주는' 방식이 아닌 같은 눈높이에서 대화하고 토론하는 새로운 민원 수렴 모델을 만들었다.

| 시사점 |

투명한 행정이 곧 신뢰로 이어짐을 입증했다. 2017년 성남시민 시정만족도는 역대 최고치인 80.7%로 특히 민원행정 서비스 분야 만족도가 88.7%로 가장 높았다. 시민을 시혜의 대상이 아닌 정책의 감시자이자 참여자로 보는 시민 참여형 행정이 제도화되었고 그 과정에서 신뢰도와 만족도가 높아졌다.

재정 정상화

Before

　성남시장에 당선되었을 당시 성남시는 비공식 부채까지 합쳐 약 6,642억 원의 채무 부담을 지고 있었고 부채 원리금 상환 압박으로 신규 사업 추진이 어려운 상황이었다. 복지 지출과 투자 지출의 위축이 불가피한 상황에서 이재명 시장은 재정 상황을 공개하는 '모라토리엄'이라는 형식을 빌어 공감대를 형성한 뒤 예산 구조조정에 들어갔다.

After

　재정 건전성 회복　2010년 7월 지불유예선언(모라토리엄)을 통해 재정 상황을 시민에게 공개하고 판교 특별회계 지급유예 및 강력한 예산 구조조정 계획을 밝혔다. 이후 성남시는 2014년 1월, 3년 6개월 만에 5,731억 원의 비공식 부채를 현금으로 갚으며 재정 건전성을 회복했다며 모라토리엄 종료를 선언했다.

　체납세 징수 강화　지자체 최초로 시민으로 구성된 전담팀을 꾸려 고액 체납자를 추적하고 압류·공매 등 강력한 조치를 통해 세수를 확보하는 한편 가가호호 방문을 통해 세금을 내지 못할 만큼 어려운 시민들에게는 복지행정을 연결시켜주는 체납세 징수의 새로운 모델을 만들었다.

시민참여 예산 구조조정   시장의 세밀한 현장 중심 행정 및 시민참여를 통해 불필요한 토목·개발 사업을 축소하고 체감도와 중첩 효과가 높은 복지 정책을 강화하는 강도 높은 지출 구조조정을 단행해 예산의 패러다임을 바꿨다.

| 시사점 |

투명한 재정 공개를 통한 시민들과의 공감대 형성이 향후 강도 높은 예산 구조조정의 원동력으로 작용했다. 채무 상황 등 재정 건전성을 튼튼히 강화하는 동시에 토목에서 복지로 예산 지출의 주요 패러다임을 전환했고, 이는 이후 다양한 지자체들의 '채무제로' 선언으로 이어지며 지자체 재정 건전성 확보의 모델이 되었다.

학교 밖 교실과 연계한 성남형 교육 지원

Before

입시 위주 한국 사회에서 사교육 의존도 심화와 가계 부담 증가, 원도심-신도시 간 교육 격차 등이 문제인 가운데 소년공 출신 이재명 시장은 '기본권으로서의 교육'을 강조하며 교육을 미래 창의적 인재 육성 및 사회적 불평등 해소, 시민 역량을 강화하기 위한 핵심 수단으로 인식하고 적극적인 지역 모델을 만들었다.

After

성남형 교육지원사업 약 200억 원 규모의 자체 예산을 투입해 학교 시설 개선과 학습 기자재 지원을 진행했다. 지원 규모는 일반 지자체보다 컸고 방식은 교육 현장 수요를 반영해 진행되었다.

교육시설 현대화 노후 학교 시설을 개선하고, 급식실 현대화와 냉난방비 지원 정책을 시행했다. 돌봄 교실을 확대해 저소득층 학생의 학습비와 방과 후 교육비 지원을 늘렸다.

학교 밖 교실 등 교육협력사업 강화 경기도교육청과 지역 학교, 나아가 마을교육공동체와 지역 문화예술 프로그램을 학교와 연계해 교실 밖까지 포괄한 학습의 다양성을 확대했다.

| 시사점 |

이재명의 성남시장 시절 교육정책은 무상교복·무상급식·교육경비 확대 같은 보편적 교육 복지와 교실 밖 현장까지 포괄한 혁신교육지구 운영을 축으로 전개되었는데 이러한 성과는 향후 중앙정부 교육 복지 정책 확대 논의에도 영향을 미쳐 지자체가 새로운 교육 복지 실험의 주체임을 입증했다.

성남시의료원 건립

Before

2003년 성남시 구도심(수정·중원구)에 있던 종합병원 2곳(성남 인하병원, 성남병원)이 폐업해 의료 공백 사태가 벌어졌다. 당시 분당 신도시에 비해 구도심 의료시설은 턱없이 부족했고 이를 해결하기 위해 이재명 변호사와 시민단체, 주민들은 '성남시립병원 설립' 운동을 시작했지만 시의회는 조례안을 부결시켰고 이 과정에서 발생한 갈등은 이재명 당시 추진위원장이 정치에 입문하는 결정적인 계기가 되었다.

After

공공병원 건립 본격화 2010년 성남시장으로 당선된 이재명 시장은 시립의료원 건립을 최우선 과제로 추진해 2011년 옛 성남시청 부지(수정구 태평동)에 509병상 규모의 종합병원 건립을 결정하고, 2013년 11월에 기공식을 열어 사업을 본격화했다.

코로나19 효과적 대응 여러 난관 끝에 성남시의료원은

2019년 4월에 준공되어 2020년 7월에 정식으로 문을 열었다. 이후 코로나19 팬데믹 상황에서 공공병원으로 주도적인 역할을 했다.

| 시사점 |

대규모 의료 공백을 극복하기 위한 공공병원의 건립으로 시민들의 의료접근성이 개선되었다. 동시에 높은 운영 적자와 낮은 병상 가동률, 의사 확보 어려움 등 재정 효율성에 대한 비판이 제기되기도 했는데, 이는 공공의료 중심의 새로운 의료정책 구상의 근간이 되고 있다.

청소대행업의 사회적 기업 육성

Before

공공기관 청소대행 업무를 경쟁 입찰을 통해 용역 회사들에게 주는 방식은 많은 청소 노동자들의 고용 불안과 열악한 노동환경이라는 문제점이 있었다. 이윤 극대화를 목표로 하는 민간 기업 특성상 용역 계약이 종료되면 고용 관계가 단절될 가능성이 컸고 낮은 임금 등 인건비 절감을 통해 이윤을 확보하려는 경향이 있었다. 이재명 성남시장은 문제점 개선을 위해 이익의 사회적 환원이 법제화된 사회적 기업이라는 대안을 활용했다.

After

2011년부터 성남시는 기존 용역업체가 맡고 있던 공공기관 청소 업무를 시민주주형 사회적 기업 등에 맡겼다. 일례로 도서관 5곳 중 3곳의 청소 용역(미화원 27명)을 장애인복지단체인 사단법인 한국신체장애인복지회에 맡겼는데 성남시민을 20% 이상 고용하고 결원이 발생하면 장애인 본인 또는 생계를 같이하는 가족을 30% 이상 의무 고용하도록 했다. 이후

시는 청소용역 계약 때 청소 노동자의 임금을 한국건물위생관리협회의 건물위생관리청소용역도급비 기준을 엄격히 적용해 책정했다.

그 결과 시민과 청소 노동자들이 직접 주주나 조합원으로 참여하여 회사를 운영하면서 고용 안정성이 높아졌고 임금과 복지수준이 향상되었다. 사회적 기업의 특성상 취약계층(장애인, 고령자 등)의 고용 비율을 일정 부분 의무화하여 일자리 창출에 기여했다. 이윤의 3분의 2 이상을 사회적 목적이나 공익사업에 재투자하도록 규정한 사회적 기업의 특성상 청소 서비스의 질 향상뿐만 아니라 지역사회에 대한 기여도 확대되었다.

| 시사점 |

성남시는 청소 분야 사회적 기업 활용 정책을 계기로 다양한 분야 사회적 기업 문호 개방을 통해 사회적 기업 제품 구매율 전국 1위를 기록하기도 했다. 한편, 특정 정치 세력과 연관된 사회적 기업에 특혜를 주었다는 의혹이 제기되어 검찰수사를 받기도 했는데 공정한 심사 과정과 정부 인증 기업 선정으로 모두 무혐의 처리되었다.

사람을 살리는 안전도시

Before

재정 건전성 악화로 시민 안전과 인프라 관리도 제대로 이뤄지지 못하는 상황에서 원도심 노후 주거 지역은 화재와 자연재해 위험이, 신도시는 교통과 범죄 문제가 부각됐다. 지자체 차원의 안전 불감증과 부실한 위기 대응이 문제로 지적되고 있던 상황에서 이재명은 시민의 생명과 안전 보호를 행정의 최우선 과제로 삼았다.

After

범죄·생활 안전 개선 골목 CCTV를 확대 설치해 범죄 발생 건수는 줄이고 범인 검거율을 높였다. 성남시 방범 CCTV 통합관제센터는 경찰과 연동해 아동 실종 방지와 범죄 예방에 실질적으로 기여했다.

재난 대응 능력 강화 집중호우와 폭설 등 자연재해에 선제적으로 대응해 피해를 최소화했다. 하천 정비와 지하차도 안전 관리 강화로 침수 사고를 예방했고 시민 대상 안전 교육을 통해 위기 대응 인식도 높였다.

안전 도시 기반 마련 방화문 점검 등 일상적인 화재 대응 점검을 통해 노후 건축물과 재개발 지연 지역의 위험 요인을 주기적으로 관리했고, 교통안전 인프라 개선으로 어린이 교통사고 위험을 줄였다.

| 시사점 |

눈에 잘 드러나지 않는 안전 관련 행정의 지속적인 수행을 통해 성남시가 '위험 도시'라는 이미지를 벗어나 점차 '안전 관리 도시'로 자리매김하게 만들었다. 특히 CCTV 통합관제센터 운영은 전국 지자체로 확산됐다. 성남시는 시민 안전을 '복지'의 한 축으로 접근하며 향후 기본사회 정책의 근간으로 작용했고 인프라 중심의 안전 대응을 주민 참여 공동체 예방 대응으로 전환시켜 지속 가능한 대응력을 높였다는 평가를 받고 있다.

공공인프라 구축을 통한 원도심-신도시 격차 해소

Before

성남시 인구가 계속 증가하면서 원도심과 신도시 간의 격차와 다양한 문제가 발생했다. 분당·판교 신도시 개발로 인구가 급증하면서 교통, 주거, 복지 시설 부족 문제가 발생했고, 원도심은 낙후된 건물과 도시 시설의 안전·환경 문제가 심각해졌다. 이재명 시장은 이러한 도시 격차를 지역에 필요한 공공인프라를 늘리고 지역문화를 활성화시키며 극복하고자 했다.

After

도시재생 프로젝트(구도심 인프라 개발) 성남 구도심의 신흥동, 금광동, 단대동, 태평동, 상대원동을 중심으로 노후 아파트와 연립주택 재건축을 추진하고, 공원·체육시설 확충, 학교와 도서관 신설을 통해 도시 인프라의 지역 격차 해소에 집중했다. 주거 환경 개선 사업을 전통시장 현대화와 연계해 효과를 높였다.

문화인프라 확충 성남중앙도서관을 증축·현대화했고 분당·판교 지역에는 신도시 주민의 접근성을 높이는 신규 도서관 건립과 어린이·청소년 특화 도서관과 문화 프로그램을 운영했다. 한편, 국민체육진흥공단의 공기업 선진화 방침에 따라 민간 매각이 논의되던 분당올림픽스포츠센터를 공공 스포츠센터로 존치시켜 도시 문화인프라의 공공성을 지켰다.

어울리오 오케스트라 창단 '누구나 문화와 음악을 통해 희망을 가질 수 있다'라는 기조 아래 어린이, 청소년들에게 공동체 합주 레슨의 기회를 제공하는 프로그램을 2017년까지 꾸준히 지원했다. 성남형 엘 시스테마(El Sistema: 마약과 범죄에 노출된 베네수엘라 빈민가 아이들에게 음악을 통해 희망과 꿈을 심어준 오케스트라)로 이를 통해 구도심과 신도심, 계층 간 문화 격차 해소에 기여했다.

남한산성과 탄천 생태관광 활성화 세계유산으로 선정된 남한산성을 비롯해 성남시민들의 물길 산책로인 탄천의 생태 보존 상태를 높여 멸종 위기에 처한 민물고기를 관찰할 수 있는 탄천 민물고기 습지생태원을 여는 등 지역의 상징물을 자연 생태 문화 관광지로 자리매김하게 했다.

| 시사점 |

지역 격차와 계층 간 격차를 공공인프라 확충과 문화 활성화로 극복할 수 있음을 보여준 의미가 있는 시도들로 특히 탄천 등 지역 내 역사 생태 자원의 지속 가능 활용은 시민 만족도와 경제적 효과를 동시에 확보하는 효율적인 행정 전략으로 평가할 수 있다.

글로벌 기준에 부합한 환경 에너지 정책

Before

전 지구적인 기후변화와 친환경 정책에 대한 요구가 커지던 가운데 인구 90만 명에 이르는 대도시 성남에서도 탄소배출을 줄이고 녹색 도시 이미지를 구축할 필요가 있었다. 그러나 태양광 가짜뉴스와 중첩 규제 등 실질적 에너지 전환에는 많은 어려움이 있었고 특히, 인구와 교통이 밀집된 성남시 특성상 미세먼지·교통 혼잡·열섬 현상 문제가 상존했다.

After

신재생에너지 확대 재임 기간 중 관내 학교·도서관·시청 등 공공건물 옥상에 태양광 발전 설비를 확대 설치하고, 민간 건물의 태양광 설치를 지원하는 정책을 추진했다. 이를 통해 공공시설의 에너지 자립률을 높이고 탄소배출을 줄이고자 했다.

친환경 교통 정책 전기버스와 전기차 도입을 지원하며 공공 부문 차량을 우선 전환했다. 시민 대상 전기차 보조금 지원과 충전 인프라 구축을 병행했으며 자전거 도로를 확충하고 공유 자전거 서비스를 도입했다.

에너지 효율화 공공건물의 에너지 절감 사업을 추진하고, LED 조명 교체, 단열 개선, 에너지 관리 시스템 도입을 확대했다. 동시에 민간 주택과 상업 시설의 에너지 효율 개선을 지원했다. 녹지 공간 재배치 등 도시 공간 구조 개선을 통해 도심의 열섬 현상을 완화하려는 행정도 지속적으로 추진했다.

| 시사점 |

지방정부 차원의 기후 대응 노력을 통해 향후 에너지 고속도로 정책 등 에너지 전환에 대한 구체적이고 깊이 있는 정책적 해결 과제를 찾는 한편, 탄소배출 저감과 시민 생활 편의 증진, 장기적 재정 절감이라는 성과를 남겼다.

시민 주주 마을버스 등 모세혈관 교통인프라 확충

Before

분당·판교 등 대규모 주택 단지 건설로 인구가 급속히 늘면서 교통인프라 확충 요구가 끊임없이 제기되었다. 특히, 원도심은 주차장 인프라가 부족했고, 대중교통의 최말단인 마을버스 노선이 실제 수요를 충족하지 못하는 문제가 혼재되어 있었다.

After

교통인프라 고도화　공영주차장과 지하 주차장을 건립해 도심 주차난을 해소하고, 저층 주거 지역의 주차 문제를 해결하기 위해 지하 주차장 개발로 토지 활용 효율성을 높였다. 또 분당-수서 간 도로 지하화와 방음 터널 대책 논의 속에서 상부 공원화를 처음 추진하기도 했다.

시민주주 마을버스 운영　근무 조건과 수익성이 가장 열악한 마을버스 노선에서 시민주주기업인 성남시민버스㈜를 설립 운영해 모세혈관 대중교통 서비스의 품질을 높였다.

친환경 전기버스 보급 확대   전기버스 보조금을 해마다 확대해 시내 교통 전기화를 선도했고 성남정수장을 활용해 그린수소 기반의 수소 충전 인프라를 구축하는 시도까지 이어졌다.

| 시사점 |

주차장, 마을버스, 전기화 등 교통 현안에 지자체가 적극적으로 정책 발굴을 하고 그 과정에서 스마트, 친환경 기술 도입을 했다. CCTV, 관제 시스템, 스마트 신호 체계 등 IT 기반 교통 관리로 효율성과 안전성을 높일 수 있었다. 전기버스와 공공자전거의 확대는 대기 환경 개선과 시민 건강 증진에도 기여했다.

경기도지사 시절

기본사회정책의 광역화, 국제화

Before

기본소득은 국내에서 여전히 논의 수준에 머물렀으며, 보편적 지급이나 국제적 연계는 거의 시도되지 않았다. 성남의 청년배당이 실험적 성격을 지녔지만, 광역 지자체로 확산되거나 국제적 연대로 이어진 사례는 드물었다.

After

민선 7기 경기도는 '삶의 기본을 보장하는 복지 경기도'라는 목표 실현을 위해 기본소득, 3대 기본복지 실현, 보육, 돌봄, 공공의료서비스 강화, 누구도 차별받지 않는 경기도 등 3대 전략에 47개 실천 과제를 추진했다. 성남시장 시절부터 시작해 큰 호응을 얻은 산후조리비 지원, 무상교복, 청년기본소득(청년배당)을 광역화 확대 시행한 데 이어 기본소득위원회를 설치 운영하고 국공립어린이집 확충, 초등학교 치과주치의 사업 등 다양한 보편적 복지사업을 추진했다. 특히, 이후 경기도는 2020년 코로나 위기 속에서 전 도민에게 1인당 10만 원의 재난기본소득을 지역화폐로 지급했다. 의결 후 15일 만에 집행을 완료했고, 수령률은 94%를 넘었다. 또한 만 24세 청년에게 연 100만 원을 지원하는 청년기본소득을 제도화했다. 나아가 대한민국 기본소득 박람회를 통해 해외 학자와 정책가를 초청하며 국제 담론을 선도했다. 이 박람회는 2019년부터 2022년까지 총 4회 개최되었다.

| 시사점 |

보편 지급과 지역화폐의 결합은 행정비용을 줄이면서 동시에 소비를 촉진하는 지방정부 모델로 평가된다. '실험 ⇒ 학습 ⇒ 확산'이라는 순환 과정은 지방정부가 정책 혁신의 발신지가 될 수 있음을 보여준다.

공공의료성 강화, 수술실 CCTV와 감염병 대응

Before

2016년 신생아 사망사고 은폐 사건과 2018년 무자격자 영업사원 대리 수술 등 불법 의료행위가 이어지면서 의료에 대한 불신이 높아졌다. 환자의 알권리는 어디까지인지에 대한 논란이 이어졌고 특히, 환자가 의식이 없는 수술실의 상황을 환자도 알 수 있는 보호 장치에 대한 목소리가 높아졌지만 의료인들의 권리 침해라는 반론도 격렬했다. 감염병이 지역을 덮쳤을 때도 지방정부는 제대로 된 대응 체계를 갖추지 못했다.

After

경기도는 불법 의료행위 예방과 환자 알권리 보호를 위해 2018년 10월 전국 최초로 경기도의료원 안성병원에서 수술실 CCTV 운영을 시작했다. 이후 경기도의사회, 한국환자단체연합회 등과 '경기도의료원수술실 CCTV 시범운영 공개토론회'도 진행하며 환자들이 안심하고 수술 받을 수 있는 환경 조성과 환자와 의사 사이 신뢰 회복을 위한 '수술실 CCTV 설치·운영' 방안을 놓고 의견을 수렴했다. 이를 토대로 2019년 3

월 보건복지부에 의료법 개정안을 제출했고, 5월에는 수술실 CCTV 설치·운영 대상을 경기도의료원 6개 병원 전체로 확대했다. 2020년 경기도민 2천 명 대상 여론조사 결과 경기도민의 93%가 수술 받게 된다면 CCTV 촬영에 동의할 것이라고 답변해 해당 정책에 대한 압도적 지지가 확인되었다. 이어 코로나19가 확산하던 시기에는 드라이브스루 선별진료소와 생활치료센터를 신속히 도입해 전국에 새로운 방역 모델을 제시했다. 2020년 6월 9일 기준으로 총 29개의 생활치료센터가 개설되었으며, 4,915명의 환자가 이곳을 거쳐 갔다.

| 시사점 |

공공의료는 단순한 진료를 넘어 사회가 서로를 신뢰하는 토대가 된다. 경기도의 사례는 지방정부의 결단이 시민의 불안을 줄이고 제도의 신뢰를 회복할 수 있음을 보여준다. 이러한 제도화의 흐름은 결국 국가적 차원의 법과 정책으로 확장되며, 위기를 대하는 우리 사회의 방식을 한층 성숙하게 이끌었다.

공정 경제 확립, 특별사법경찰단과 공공 배달앱

Before

장터와 시장은 본래 서민들의 삶터이자 희망의 울타리였으나, 세월이 흐르며 불법 사채와 과도한 플랫폼 수수료가 그 터전을 잠식해 갔다. 대부업자는 하루하루 생계를 이어가는 이들의 피와 땀을 담보로 삼았고, 거대 플랫폼은 광고비와 수수료를 올리며 영세자영업자의 숨통을 조여 왔다. 이 불공정한 질서 앞에서 지방정부의 개입은 제한적이었고, 소상공인은 제도의 보호 밖에서 고통을 감내해야 했다.

After

경기도는 특별사법경찰단을 앞세워 불법 대부업의 음습한 그늘을 정면으로 파고들었다. 수천 퍼센트의 이자를 부과하던 구조가 드러났고, 수백 명의 피해자가 법의 테두리 안에서 구제를 받았다. 2018년부터 2021년까지 4년간 특별사법경찰단은 불법 대부업자 464명을 적발하고, 총 230억 원에 달하는 불법 이득을 환수하거나 추징했다. 동시에 또 다른 대안으로 공공 배달앱 '배달특급'을 내놓았다. 거대 플랫폼의 독점을 흔든 이 시도는 빠르게 확산되었고, 가입자는 166만 명에 이르렀으며 거래액은 2천억 원을 넘어서며 실질적인 성과를 입증했다.

| 시사점 |

시장의 질서는 스스로 바로 서지 않는다. 불법을 근절하는 강력한 손길과 함께, 시민에게 새로운 공공의 길을 열어주는 서비스가 병행될 때 비로소 회복될 수 있다. 경기도의 실험은 지방정부가 서민을 지키는 방패이자 독점 구조를 견제하는 창이 될 수 있음을 보여준다.

기본주택과 주거 안정 모델

Before

우리 사회의 젊은 세대와 서민은 언제나 집 문제 앞에서 좌절해 왔다. 높은 전세금과 치솟는 매매가, 짧은 임대 기간 속에서 장기적인 거주 계획을 세우기란 쉽지 않았다. 청년에게는 보금자리 마련이 꿈으로 남았고, 무주택 서민에게는 안정된 삶을 지탱할 기초가 허물어진 채 방치되었다. 공공임대주택이 존재했지만 기간과 자격의 제약으로 그 효과는 크게 제한되었다.

After

경기도는 이러한 현실을 직시하며 '기본주택'이라는 새로운 구상을 내놓았다. 무주택자라면 누구나 장기간 거주할 수 있는 공공임대 모델을 제시했다. 단순히 거주만 보장하는 데 그치지 않고, GH가 주도해 장기 임대와 자산 형성의 길을 함께 열도록 설계했다. 2023년 국토교통부 주거실태조사에 따르면 청년 가구(만 19~34세)의 연소득 대비 임대료 비율(RIR)은

17.2%에 달해, 소득의 상당 부분을 주거비로 지출하고 있음을 보여준다. '기본주택'은 주거를 단순한 복지 차원이 아니라 시민의 권리로 보장하겠다는 선언이기도 했다.

| 시사점 |

주택정책은 제도의 틀에 따라 시민의 운명을 좌우한다. 기간과 자격의 제약을 덜어내야만 실수요자가 삶의 안정성을 확보할 수 있다. 경기도의 기본주택 실험은 지방정부가 주거복지의 전위대가 될 수 있음을 보여주었고, 동시에 중앙정부가 더 넓은 범위에서 주거권을 제도화하는 길잡이가 될 수 있음을 시사했다.

노동·교통 공공성 강화

Before

광역버스 체계는 오랫동안 민간에 의존해 왔다. 이 구조 속에서 안전과 서비스의 질은 운영자의 자율에 맡겨졌고, 노동자들의 근로 환경은 열악하게 고착되었다. 출퇴근길 시민은 지연과 과밀에 시달렸으며, 버스 노동자는 장시간 노동과 낮은 처우에 노출되었다. 공공성의 부재는 교통을 단순한 이동 수단이 아니라 불평등과 위험의 상징으로 만들었다.

After

경기도는 2020년부터 전국 최초로 노선입찰형 준공영제를 대폭 확대해, 광역버스의 80% 이상을 공공버스 체계로 전환했다. 이는 단순히 운영 주체를 바꾸는 데 그치지 않고, 수입금 관리의 투명성 확보, 서비스 평가제 도입, 노동조건 개선을 동시에 달성한 종합적 개혁이었다. 시행 이후 버스 노동자들의 1일 평균 운행 시간이 1~2시간가량 단축되기도 했다. 공공의 이름으로 운영되는 노선은 시민에게는 보다 안전한 이동권을,

노동자에게는 정당한 근로조건을 보장하는 기반이 되었다.

| 시사점 |

지방정부가 적극적으로 개입할 때 비로소 이동권은 사회적 기본권으로 자리매김할 수 있다. 이는 교통 정책이 단순한 행정 관리가 아니라 사회 정의와 직결된 문제임을 보여주는 중요한 사례이다.

청소년 교통비 지원과 평생교육 지원

Before

우리 사회의 청소년들에게 학교에 가고, 학원에 가고, 또 친구를 만나러 다니는 모든 이동이 결코, 가볍지 않은 비용이다. 교통비는 단순한 생활비의 일부를 넘어 교육 접근성을 제한하는 벽으로 자리했다. 한편, 성인들에게는 배움의 기회를 이어갈 마땅한 길이 부족했다. 평생학습은 선언만 있었을 뿐, 실제로는 일부 사람들에게만 열려있었다.

After

경기도는 이 문제를 더 이상 방치하지 않고 만 13세에서 23세까지 청소년에게 연 12만 원의 교통비를 환급했고, 이 제도는 단순한 지원을 넘어 삶의 숨통을 틔워 주었다. 시행 첫해부터 만족도가 87%에 달했다는 사실은 이 정책이 얼마나 절실했는지를 잘 보여준다. 동시에 도 전역에 평생학습관 네트워크를 확충해 나이, 직업, 형편을 가리지 않고 누구나 새로운 배움에 다가설 수 있는 길을 열었다. 2021년 발표된 '경기도민

평생학습 실태조사'에 따르면, 평생학습 참여 경험이 있는 경기도민의 비율은 2019년 28.5%에서 2021년 35.1%로 증가했다. 이는 정책 효과가 실제 생활 속에서 가시화되고 있음을 보여준다.

| 시사점 |

교통비와 학습권은 단순한 복지가 아니라 불평등을 걷어내는 사회적 무기이기도 하다. 지방정부가 보편적 지원을 결단할 때 그 혜택은 단순한 비용 절감을 넘어 한 세대의 삶을 바꾸는 힘으로 확산된다.

기후위기 대응과 에너지 정책 혁신

Before

노후 경유차는 도시 대기 오염의 주된 원인이었고, 재생에너지 기반은 겨우 윤곽만 그린 듯 허전했다. 정책의 빈틈 속에서 미래의 숨통마저 막힐 조짐이 보였다.

After

경기도는 노후 경유차 조기 폐차와 저감 장치 지원을 본격화했다. 누적 조기 폐차 대수는 2018년 약 1,291대에서 2023년 10,593대, 2024년에는 11,853대에 이르렀다. 이러한 정책은 폐차 시기를 앞당겼을 때 대기질 개선 효과가 비용보다 크다는 점에서도 의미가 있다. 실제로 경기도의 경우 비용 대비 편익(B/C) 비율이 약 1.78로 평가되었다. 2021년 6월 지방정부 최초로 경기도 차원의 '기후대응·산업전환 특별위원회'를 만들어 체계적인 기후 대응을 시작했다. 참여정부 시절 법무부 장관이자 기후 법학자로 활동하고 있는 강금실 전 장관을 공동위원장으로 하여 조명래 전 환경부 장관을 비롯해 기후,

에너지, 환경, 경제산업 분야 전문가와 행정·정치·시민사회의 오피니언 리더들을 위원으로 위촉해 경기도 차원의 친환경 신재생에너지 사업, 녹색기술 혁신, 탄소중립 산업전환에 관한 비전과 전략을 중점적으로 논의하며 정책화시켜갔다. 당시 강금실 위원장은 이재명 도지사가 가진 기후 대응에 대한 '절박함'에 감사한다고 말했다.

| 시사점 |

기후변화를 단지 리스크가 아닌 새로운 경제 기회로 보고 선제적, 체계적으로 대응해가는 접근방식은 이후 대선 후보 시절 기후에너지부 신설, 햇빛 연금 등 창의적이고 체계화된 기후 대응으로 진화했고 대통령 당선 이후 하나하나 구체화되고 있다.

디지털 혁신과 데이터 배당

Before

공공데이터는 자료 창고처럼 각 영역에 흩어져 있었고, 시민이 그 속에서 실질적인 혜택을 누리는 일은 거의 없었다. 아름다운 정보의 물줄기는 흘러넘쳤지만, 그것을 모아 활용하고 나눌 수 있는 길은 열리지 않았다.

After

경기도는 '경기데이터드림'이라는 이름으로 공공데이터 포털을 열었고 현재 96개 기관이 참여해 2,073종의 데이터를 개방했으며, 교통·소방·관광·산업·교육 등 9개 분야의 다양한 통계를 제공하고 있다. 예를 들어 실시간 소비와 이동 현황까지 시각화된 데이터로 제공되며, 이는 정책 설계의 토대로 기능한다. 더 나아가 세계 최초로 '데이터 배당' 개념을 도입했다. 지역화폐 사용자들의 거래 통계 데이터를 활용해, 그 이익을 정당하게 사용자에게 일부 되돌려 준 것이다. 이 작은 실험은 '데이터는 공공의 유산'이라는 철학을 구현한 첫걸음이 되었다.

| 시사점 |

데이터를 단순한 정보가 아니라 공공의 자산으로 바라볼 때, 지역 산업과 정책에 활력을 불어넣는 기폭제가 됨을 입증했다.

계곡·하천 불법 정비와 문화관광 회복

Before

맑은 물줄기가 흘러야 할 계곡과 하천은 오랫동안 불법영업 시설에 뒤덮여 있었다. 평상과 천막이 강을 가로막았고, 시민은 자연을 누릴 권리를 잃은 채 돈을 지불해야만 앉을 자리를 허락받았다. 공공은 무기력하게 자리를 내주고 있었다.

After

경기도는 도내 25개 시·군에서 무려 1,700여 개의 불법점유 시설을 철거했다. 많은 갈등과 반발이 있었지만 행정은 물러서지 않았고 복원된 계곡과 하천은 다시 시민의 품으로 돌아왔다. 주민들은 맑아진 계곡과 열린 하천에서 새로운 관광과 휴식의 가치를 발견했다. 2021년 여름철 관광객을 대상으로 한 조사에서, 응답자의 90% 이상이 '정비된 계곡이 더 좋고 다시 방문하고 싶다'라고 답했다.

| **시사점** |

행정이 흔들림 없이 원칙을 세울 때 비로소 공공의 정의는 살아나며 이해관계와 민원을 넘어선 강력한 집행은 자연을 시민에게 돌려주는 공공선의 실천임을 입증했다.

농민기본소득과 취약계층 배려

Before

농민 지원은 대부분 가구 단위로 선별 지급되어 왔고, 산모·아동·고령자·장애인과 같은 취약계층에 대한 지원은 매우 제한적이었다. 그 결과 농촌의 고령화, 소득 불안, 지원 사각지대는 더욱 심화되었다.

After

농민기본소득을 실시했다. 2024년 기준 23개 시·군에 거주하는 21만 8,800여 명의 농민에게 연간 60만 원을 지역화폐로 개인 단위 지급했고 지급 방식은 6월과 12월, 각각 30만 원씩이었다. 또한 산후조리비로 출생아 1인당 50만 원을 지역화폐로 지원했고, 다태아의 경우 출생아 수만큼 배로 지급했다. 아동·청소년에게는 교통비 지원이 이어졌다. 이렇게 보편적이고 개별적인 지급 체계는 형평성과 현실적 효과를 동시에 추구한 혁신적 설계였다. 2022년 경기도농수산진흥원이 실시한 설문 조사 결과, 농민기본소득 수령자의 91.2%가 '매우 만족' 또는

'만족'한다고 응답했다. 이는 제도의 필요성과 효과가 현장에서 확인된 사례였다.

| 시사점 |

농업축소와 농촌 인구 소멸에 대한 해법으로 '기본소득' 개념을 적용시켰다. 농민기본소득뿐 아니라 농촌기본소득 시범사업도 전국 최초로 시행되었는데, 2022년부터 연천군 청산면에 실거주하는 사람이면 누구에게나 한 달에 15만 원씩을 지역화폐로 지급해 4인 가족이면 월 60만 원, 1년에 720만 원을 지원하는 실험을 다년간 지속하며 일정 정도 인구 소멸 완화효과를 입증받기도 했다. 이후 농어촌 태양광, 풍력 등 재생에너지를 활용한 햇빛 연금, 바람 연금이라는 새로운 형태 기본소득과 맞물려 농촌 소멸 대응에 강력한 대안으로 떠오르고 있다.

당대표 시절

대선 패배 후 공천혁신 통해 야당 단독 과반 획득

Before

2022년 대통령 선거 패배는 더불어민주당 전체에 깊은 충격을 안겼다. 검찰수사가 잇따르며 당의 명운이 걸린 총선에서 '사법 리스크와 지도력 위기'가 동시에 겹쳐 있는 상황이었다. 공천 제도 자체에 대한 불신도 심각했다. 2020년 총선에서의 현역 교체율은 약 33% 수준에 그쳐 쇄신 효과가 제한적이었다는 평가도 나왔고 2024년 총선을 앞두고 계파 갈등·공천 불신을 해소해야 했다.

After

이재명 대표는 공천 개혁을 '혁명' 수준으로 추진하겠다고 선언했다. 실제 공천 결과는 당원 중심의 전례 없는 쇄신으로 현역 의원 교체율이 약 42.5%에 달했다. 청년·여성·전문가 출신들이 새롭게 영입되었다. 공천 개혁의 결과는 선거에서 입증되어 더불어민주당은 제22대 총선에서 175석 이상을 확보하며 야당 최초 단독 과반이라는 성과를 거두었다.

| 시사점 |

위기 상황일수록 당원 중심의 원칙 있는 인적 쇄신이 당내 결속과 국민 신뢰 회복으로 이어질 수 있음을 보여주었다. 공천 개혁은 국민이 정당을 평가하는 중요한 잣대임이 확인되었다. 공천혁신이 일회성 이벤트가 아닌 정당 민주주의의 제도적 시스템으로 정착될 때, 장기적으로 한국 정치 발전에 기여할 수 있음을 시사했다.

정책 의사결정의 디지털화와 소통 강화

Before

민주당 정책 결정 구조는 오랫동안 폐쇄적이라는 비판을 받아왔다. 중요한 정책들은 최고위원회나 의원총회 등 소수 정치 엘리트 중심의 회의에서 결정되었고, 일반 당원이나 국민은 과정에서 거의 참여하지 못했다. 국민과의 소통 또한 기자회견이나 보도자료 같은 일방향적 전달에 의존했는데, 특히 2022년 지방선거에서는 부동산 정책, 코로나19 대응 등 핵심 민생 현안에 대한 반응 속도가 늦어, 순식간에 형성되는 온라인 여론을 제때 반영하지 못했다.

After

이재명 대표는 취임 후 '열린 정당, 참여 민주주의'를 기치로 내걸고 디지털 기반 소통을 제도화하기 시작했다. 우선, 국민이 직접 공직자 인선 과정에 참여할 수 있는 국민추천제를 도입했고 온라인당원 플랫폼을 통해 대규모 의견 수렴을 정례화했다. 2023년 기본사회위원회가 정책 우선순위를 정할 때는 약 20만 명의 당원이 온라인 설문에 참여했고, 그 결과가 실제 정책 결정에 반영되었다. 지도부는 실시간 당원 라이브 방송을 열어 당원 질의에 직접 답변하는 등 쌍방향 소통을 강화했다.

| 시사점 |

민주당은 당원과 국민의 참여 문턱을 낮추며 정당 민주주의의 폭을 넓혔다. 또한 온라인 참여는 당의 대응 속도를 높여, 신속하게 민심을 반영하는 기반이 되었다. 지도부와 당원 간의 실시간 소통은 투명성을 높였을 뿐 아니라 신뢰 회복에도 기여했다. '참여형 디지털 정당'이라는 한국 정치의 새로운 모델을 보여줬다.

기본 사회정책의 꾸준한 진행
(경제적 기본권 강화, 기본소득, 기본주택, 기본대출 등)

Before

한국 사회는 심각한 불평등과 양극화 문제에 직면해 있었다. 청년층은 주거와 교육, 금융 부담에 시달렸고, 노년층은 불안정한 소득 구조 속에서 빈곤 위험에 노출되었다. 하지만 기존 복지 정책은 아동수당, 기초연금 등 개별 제도로 파편화되어 있었고, '복지는 시혜'라는 인식에서 벗어나지 못했다. OECD 평균 사회복지 지출 비중이 GDP의 20% 이상인데 비해, 한국은 2020년 기준 약 12% 수준에 불과했다. 복지를 구조적으로 강화할 필요성은 높았지만, 정치권은 선별적이고 단발적인 복지 확대에 머물렀다.

After

이재명 대표는 2023년 2월 당대표 직속 기구로 기본사회위원회를 출범시켰다. 소득·주거·교육·돌봄 등 전 영역에서 '기본권을 제도화'하자는 기조를 담고 있었고, 민주당이 장기 비전으로 기본소득·기본주택·기본대출을 공식 의제로 채택하는 계기가 되었다.

기본소득 이재명 대표는 장기적으로 전 국민에게 연 100

만 원을 지급하는 구상을 밝히면서, 단기적으로는 아동수당·부모급여 확대, 기초연금 강화 등 현실적 로드맵을 내놓았다.

기본주택 도지사 시절 성남 판교, 고양 지축 등에서 실험했던 무주택자 장기 공공임대 모델을, 당대표 시절 민주당의 전국적 정책 비전으로 발전시켰다. 총선 공약에서도 핵심으로 제시되었다.

기본대출 경기도에서 도입했던 청년기본대출(연 3~4% 저리, 최대 500만 원, 1년 만에 2만 명 이상 이용)을, 민주당 차원에서 전국 제도화할 계획으로 발전시켰다. 당대표 시절에는 이 정책이 '불법 사금융 대체 및 청년 금융 안전망'으로 제시되었다.

| 시사점 |

복지를 '소비'가 아닌 '사회적 투자'로 재해석하며, 민주당이 구조적 불평등 완화와 새로운 사회계약 모델을 제시하는 정당임을 보여주었다. 민주당의 장기적 정체성을 규정하는 핵심 비전으로 자리 잡았고, 국민에게는 '복지국가로 가는 새로운 길'을 보여주는 정치적 자산이 되었다.

지역화폐 발행과 골목 상권 활성화 지속 추진

Before

코로나19 팬데믹과 윤석열 정부 시절 경기침체는 소상공인과 자영업자에게 큰 충격을 안겼다. 소상공인 평균 매출이 줄었고 온라인 플랫폼이 시장을 잠식하면서 지역 상권은 붕괴 위기에 놓였다. 지역 내 소비가 외부로 빠져나가면서 지역경제 순환 구조는 크게 약화되었다. 동시에 자영업자 부채는 급격히 늘었고, 카드수수료와 임대료, 세금 부담이 가중됐다.

After

이재명 대표는 성남시장과 경기도지사 시절부터 지역화폐 정책의 효과를 입증한 경험을 바탕으로, 당대표 시절 민주당의 핵심 민생 공약으로 2024년 총선에서 지역화폐 제도의 전국 확대와 중앙정부 차원의 지원을 명확히 제시했다. 실제 연구에서도 지역화폐가 소상공인 매출을 평균 31% 늘리고 지역 내 소비를 26~29% 증가시킨다는 결과가 확인되었다. 이와 함께 소상공인·영세자영업자 금융·세제 지원을 병행했다. 소상공인의 채무 재조정과 상환 유예, 저금리 전환대출 확대를 공약화했고 부가가치세 간이과세 기준 상향, 카드수수료 인하, 임대료 세액공제 확대 같은 세제 대책을 총선 비전으로 내세웠다.

| 시사점 |

지역화폐와 금융·세제 지원 패키지는 단순히 현금을 나눠주는 복지가 아니라, 소상공인의 생존 기반을 지키는 종합 민생 전략이었다. 지역 내 소비 순환을 회복시키는 동시에 자영업자의 구조적 부담을 줄여주어, 민생경제를 입체적으로 살리려는 접근이었다는 점에서 민주당을 '민생 정당'으로 자리매김하게 했다.

신산업 육성 - AI, 문화산업, 방위산업 등

Before

한국 경제는 여전히 반도체, 자동차, 조선 등 전통 제조업 중심의 구조에 의존하고 있었다. AI, 문화산업, 방위산업과 같은 차세대 성장 동력은 잠재력이 크지만, 체계적인 투자와 정책 지원은 미흡했다. 2020년 기준 세계 AI 투자 규모가 약 500조 원에 달했음에도 한국의 비중은 2% 남짓에 불과했다. 전통 제조업만으로는 더 이상 성장 동력을 확보하기 어렵다는 인식이 확산되고 있었지만, 정치권의 대응은 더딘 상황이었다.

After

이재명 대표는 당대표 시절부터 민주당의 미래 비전으로 신산업 육성 전략을 전면에 내세웠다. 총선을 앞두고 발표한 비전과 공약 속에서 그는 AI, 문화, 방위산업을 한국 경제의 새로운 성장 동력으로 규정했다.

AI 'AI 3대 강국 도약'을 민주당 총선 공약에 포함시키며, 연구개발 투자 확대와 데이터 인프라 구축, GPU 확보를 통한

산업 생태계 강화 방안을 제시했다.

문화산업　K-콘텐츠를 국가 성장 전략으로 격상시키고, OTT·게임·음악·영화 등 전 분야를 지원해 수출 산업으로 키우겠다는 계획을 밝혔다. 이는 문화산업을 단순한 소프트파워가 아니라 경제적 미래 먹거리로 본 접근이었다.

방위산업　'K-방산'을 새로운 수출 산업으로 육성하겠다는 의지를 당론과 총선 공약에 담았다. 특히 무인기, 로봇, 첨단 무기 개발을 강조하며, '방산'을 단순한 국방산업이 아닌 경제성장 동력으로 바라보는 관점을 제시했다.

| 시사점 |

야당이던 민주당이 산업정책을 총선 의제와 당론 차원에서 구체화한 것은 사회적, 정치적으로 '대안 정당'으로서 중요한 파급효과를 가졌고 집권 이후 실질적 국정지표로 작용하고 있다.

에필로그

"잘 안다고 생각했는데 모르는 게 너무 많았다."

이 책을 함께 쓴 필진들이 공통적으로 한 말입니다. 이재명에 대한 정보는 차고 넘칠 만큼 많지만, 그의 직접 발언과 행정자료, 현장 기록을 차근차근 따라가다 보면 그의 궤적은 숱한 '카더라' 통신 속에서 왜곡된 경우가 많고, 정작 의미 있는 성취는 축소되거나 거의 알려지지 않은 경우가 많음을 알게 됩니다.

대표적인 사례가 농업 정책입니다. 어린 시절 과일 하나 제대로 먹지 못했던 경험은 그의 도지사 시절 어린이 과일 급식,

농민기본소득, 농촌기본소득으로 이어졌습니다. 대선 후보 시절에도 농촌지역의 험지를 가장 먼저 찾았고, 대통령이 된 후에는 국제 협상에서도 농업을 희생시키지 않는 원칙을 지켜냈습니다. 그 결과 농민들은 처음으로 '정부로부터 보호받고 있다'라는 신뢰를 체감했습니다.

이재명의 강점은 여기에 있습니다. 꼭 지켜야 할 가치를 희생하지 않고도 미래로 나아가는 유능함입니다. 그는 기업의 성장과 국가 경제의 도약이 무엇보다 중요하다는 사실을 분명히 인식하고 있습니다. 기업의 경쟁력을 높이기 위해 정부가 무엇을 해야 하는지 누구보다 잘 이해하고 있으며, 이를 실제 정책으로 과감히 추진하고 있습니다. 북극항로 시대를 선점하기 위해 해양수산부 개편과 이전을 신속히 추진하고, 에너지 고속도로 건설을 준비하며, 반도체·AI·신재생에너지 등 미래 산업 전략을 빠르고 단호하게 펼쳐가고 있습니다. 또한 국민의 자산이 부동산에만 묶이지 않고 생산적 투자와 기업투자로 흘러가도록 길을 열고, 기업들이 세계 시장에서 당당히 경쟁할 수 있도록 제도적·인적·재정적 기반을 탄탄히 닦아가고 있습니다. 이재명은 노동자의 안전을 지키면서도 기업을 살리고, 사회적 약자를 보듬으면서도 국가의 새로운 성장 동력을 키워가고 있습니다.

이재명 정부의 성공은 지방자치의 성공이자 흙수저 민주주의의 성공일 뿐 아니라, 국민과 기업, 국가가 함께 성장하는 대한민국 모델의 성공이 될 것입니다. 시의원·도의원, 시장·군수에서 출발해도 이 나라의 최고 리더가 되어 국정을 훌륭히 운영할 수 있다는 확신, 기업으로 치면 특별한 배경 없는 평사원이 팀장과 부장을 거쳐 회사를 탄탄히 이끌 수 있다는 확신, 민주주의라서 무능한 것이 아니라, 민주주의이기에 더욱 유능하며 누구도 쉽게 배제되지 않는 사회를 운영할 수 있다는 확신, 일하는 사람들의 안전과 생명을 지키면서도 기업과 국가는 성장할 수 있다는 확신, 이 담대하고 거대한 실험이, 앞으로 5년간 펼쳐지게 됩니다.

이재명이 열어가는 모든 혁신의 길 밑바탕에는 언제나 국민에 대한 굳건한 믿음이 있었습니다. 어떤 순간에도 이재명을 지키고 선택하며 그를 앞으로 이끌어온 힘은 국민이었습니다. 그리고 앞으로도 그 사실은 변하지 않을 것입니다

조금이나마 도움이 되었으면 하는 마음으로, 출처를 꼼꼼히 달았습니다. 출처 중에 가장 좋은 출처인 원본 영상을 제일 위에 올렸습니다. 꼭 한 번씩 직접 그 현장의 분위기를 몸으로 느끼며 스스로 판단해 주시기를 바랍니다. 고맙습니다.

_ 필진 일동

| 부록 |

정책 리스트

성남시장 시절 대표 정책 100   1 ~ 25

	정책명	분야	전국 최초 여부	년도	비고
1	청년배당 정책 도입	복지 정책	전국 최초	2016	연 50만 원 지급
2	무상교복 지원 사업	복지 정책	전국 최초(전면시행)	2011	교복비 29만 6천 원 지원
3	공공산후조리원 설립	복지 정책	전국 최초	2015	25만 원 지원
4	3대 무상복지 전면 시행	복지 정책	전국 최초	2016	청년배당+무상교복+산후조리
5	성남시립의료원 건립	복지 정책	시민발의 최초	2017	총 3,400억 원 투입
6	저소득층 집중 지원	복지 정책	○	2011	저소득층 우선
7	출산장려 정책 확대	복지 정책	○	2012	출산축하금 지급
8	보육시설 확충	복지 정책	○	2011	국공립 어린이집 확대
9	국공립어린이집 확대	복지 정책	○	2012	국공립 비율 30% 달성
10	아이사랑놀이터 건설	복지 정책	○	2013	아동 놀이시설 확충
11	셋째 이상 자녀 양육수당 지원	복지 정책	○	2014	둘째 이상 지원
12	보육교사 처우개선 사업	복지 정책	○	2013	임금 인상 및 처우개선
13	장애인 복지시설 확대	복지 정책	○	2012	시설 확충 및 서비스 개선
14	노인복지 서비스 강화	복지 정책	○	2011	경로당·복지관 확대
15	의료비 지원 사업	복지 정책	○	2012	의료비 본인부담금 지원
16	무상급식 확대 시행	복지 정책	전국 최초(전면 확대)	2011	초·중·고 전면 무상급식
17	보육료 지원 확대	복지 정책	○	2011	0~5세 보육료 지원
18	다문화가족 지원센터 운영	복지 정책	○	2013	결혼이주여성 지원
19	시장실 CCTV 설치	행정 혁신 및 투명성	지자체 최초	2010	전국 지자체장 최초
20	SNS 적극 소통 정책	행정 혁신 및 투명성	○	2011	트위터·페이스북 활용
21	시정모니터 제도 도입	행정 혁신 및 투명성	○	2011	시민 49명 모집
22	주민참여예산제 시행	행정 혁신 및 투명성	○	2011	시민참여 예산편성
23	시정통신원 제도 운영	행정 혁신 및 투명성	○	2012	시정 홍보 및 모니터링
24	공개 행정 확대	행정 혁신 및 투명성	○	2011	정보공개 확대
25	부정부패 척결 시스템	행정 혁신 및 투명성	○	2011	반부패시스템 구축

	정책명	분야	전국 최초 여부	년도	비고
26	투명한 계약제도 도입	행정 혁신 및 투명성	○	2012	입찰·계약 투명성
27	공직자 청렴교육 강화	행정 혁신 및 투명성	○	2012	청렴교육 의무화
28	시민감사관 제도 운영	행정 혁신 및 투명성	○	2013	시민감사 참여
29	모라토리엄 선언 및 극복	재정관리	지자체 최초	2010	5,200억 원 채무
30	재정정상화 계획 수립	재정관리	○	2010	체계적 상환계획
31	지방채 발행 중단	재정관리	○	2013	무차입 경영
32	예산절감 정책 시행	재정관리	○	2010	행사비 등 절감
33	세수 증대 방안 추진	재정관리	○	2011	체납세 징수강화
34	공공시설 효율화	재정관리	○	2012	유휴시설 활용
35	재정건전성 확보	재정관리	○	2013	재정자립도 74.5%
36	부채상환 계획 이행	재정관리	○	2011	연 1,500억 원 상환
37	성남형 교육지원 사업	교육정책	○	2012	연 200억 원 투자
38	창의교육 프로그램 지원	교육정책	○	2013	창의인성교육
39	체험학습 예산 확대	교육정책	○	2013	현장체험학습 지원
40	예체능 교육 지원	교육정책	○	2012	예술·체육 특성화
41	교육시설 현대화	교육정책	○	2013	교육환경 개선
42	학교급식 질 향상	교육정책	○	2012	친환경 급식
43	방과후학교 프로그램 지원	교육정책	○	2013	돌봄교실 확대
44	교육복지 우선지원 사업	교육정책	○	2012	교육 격차 해소
45	시민주주기업 육성	경제 및 일자리	전국 최초	2011	협동조합 방식
46	청소대행업 시민주주화	경제 및 일자리	전국 최초	2011	청소 용역 시민 소유
47	벤처기업 유치 정책	경제 및 일자리	○	2012	벤처기업 1,149개
48	판교테크노밸리 활성화	경제 및 일자리	○	2012	IT기업 유치
49	일자리창출 정책	경제 및 일자리	○	2011	일자리 48만 6천 개
50	사회적기업 지원	경제 및 일자리	○	2012	사회적기업 41개

51 ~ 75

	정책명	분야	전국 최초 여부	년도	비고
51	성남시민 50% 의무고용제	경제 및 일자리	○	2011	지역민 의무 고용
52	청년창업 지원 프로그램	경제 및 일자리	○	2014	창업 공간 제공
53	소상공인 지원 정책	경제 및 일자리	○	2013	소상공인 경영지원
54	창업카페 운영	경제 및 일자리	○	2014	창업 멘토링
55	청년지원센터 설립	경제 및 일자리	○	2015	청년 일자리 지원
56	기업 유치 인센티브 제도	경제 및 일자리	○	2012	기업 투자유치
57	중소기업 육성 지원	경제 및 일자리	○	2013	중소기업 금융 지원
58	방범 CCTV 확대 설치	안전 및 방범	○	2011	CCTV 3,000대
59	시민경찰대 창설	안전 및 방범	○	2012	자율방범대 운영
60	재난안전기금 증액	안전 및 방범	○	2013	안전기금 50억 원
61	초등학교 안전교육 강화	안전 및 방범	○	2014	안전교육 의무화
62	아동안전보호지역 지정	안전 및 방범	○	2015	어린이보호구역
63	해피하우스 사업 확대	안전 및 방범	○	2013	아동학대 예방
64	학생행복회의 신설	안전 및 방범	○	2014	학교폭력 예방
65	통학차량 안전보조물 설치	안전 및 방범	○	2014	통학버스 안전
66	안전귀가 지킴이 운영	안전 및 방범	○	2013	야간 안전서비스
67	통학로 안전 확보	안전 및 방범	○	2012	보행안전시설
68	재난대응시스템 구축	안전 및 방범	○	2013	재난 컨트롤타워
69	응급의료 체계 강화	안전 및 방범	○	2014	119안전센터 확대
70	성남FC 시민구단 창단	도시개발 및 인프라	○	2014	프로축구단 운영
71	분당올림픽스포츠센터 보존	도시개발 및 인프라	○	2015	공공체육시설 보존
72	공원 조성 및 정비	도시개발 및 인프라	○	2012	근린공원 49개소
73	도로 및 교통 인프라 개선	도시개발 및 인프라	○	2013	도로 확장·정비
74	공공시설 현대화	도시개발 및 인프라	○	2014	청사 리모델링
75	친환경 도시 조성	도시개발 및 인프라	○	2013	태양광 발전소

76 ~ 100

	정책명	분야	전국 최초 여부	년도	비고
76	도시재생 프로젝트	도시개발 및 인프라	○	2015	구도심 재개발
77	주거환경 개선사업	도시개발 및 인프라	○	2014	주택 리모델링
78	시민감사관 제도 운영	도시개발 및 인프라	○	2013	전통시장 현대화
79	문화시설 확충	도시개발 및 인프라	○	2014	도서관·체육시설
80	친환경 정책 추진	환경 및 에너지	○	2012	LED 조명 교체
81	재활용 확대 정책	환경 및 에너지	○	2013	분리수거 확대
82	에너지 절약 정책	환경 및 에너지	○	2013	공공건물 에너지절약
83	공원 녹지 확대	환경 및 에너지	○	2013	도시숲 조성
84	환경보전 정책	환경 및 에너지	○	2012	하천 정화사업
85	대기질 개선 사업	환경 및 에너지	○	2014	미세먼지 저감
86	마을버스 요금 현실화	교통 및 교통편의	○	2011	요금 100원 인상
87	시민주주 마을버스 운영	교통 및 교통편의	○	2012	시민소유 운영
88	대중교통 서비스 개선	교통 및 교통편의	○	2013	저상버스 도입
89	교통약자 이동권 보장	교통 및 교통편의	○	2014	장애인 이동지원
90	주차장 확충	교통 및 교통편의	○	2013	공영주차장 확대
91	문화예술 지원 확대	문화 및 관광	○	2012	문화예술회관 운영
92	도서관 확충 및 운영	문화 및 관광	○	2013	도서관 10개소
93	시민축제 활성화	문화 및 관광	○	2013	성남문화재단
94	전통문화 보존 사업	문화 및 관광	○	2013	향토문화 발굴
95	관광자원 개발	문화 및 관광	○	2014	판교·분당 관광
96	찾아가는 노상 방담	시민참여 소통	○	2011	시장과의 대화
97	시민제안제도 운영	시민참여 소통	○	2011	시민 제안 온라인
98	온라인 소통 강화	시민참여 소통	○	2011	홈페이지·SNS
99	시민참여위원회 운영	시민참여 소통	○	2012	각종 위원회
100	시민감시단 운영	시민참여 소통	○	2013	행정 감시 활동

경기도지사 시절 대표 정책 100　　　　　　　　　　　　　　　1 ~ 25

	정책명	분야	전국 최초 여부	시행 년도	예산 규모 (억원)	비고
1	청년기본소득 확대 시행	기본소득 정책	전국 최초	2019	1300	만 24세 연 100만 원 지역화폐
2	재난기본소득 1차 지급	기본소득 정책	전국 최초	2020	1340	전 도민 10만 원 지급
3	재난기본소득 2차 지급	기본소득 정책	전국 최초	2021	1340	전 도민 10만 원 추가지급
4	재난기본소득 3차 지급	기본소득 정책	전국 최초	2021	1340	전 도민 10만 원 3차지급
5	농촌기본소득 시범사업	기본소득 정책	전국 최초	2020	150	월 15만 원 농촌 거주민
6	청년기본소득 분기별 지급	기본소득 정책	전국 최초	2019	325	분기별 25만 원 지역화폐
7	경기지역화폐 연계 기본소득	기본소득 정책	○	2019	100	지역화폐 연계 소비활성화
8	기본소득박람회 개최	기본소득 정책	○	2019	50	국제 컨퍼런스 개최
9	기본소득 국제 네트워크 구축	기본소득 정책	○	2020	30	해외 연구기관 협력
10	기본소득 연구용역 추진	기본소득 정책	○	2019	20	기본소득 효과 분석
11	기본소득 대학교육 프로그램	기본소득 정책	○	2020	15	대학 강의 프로그램
12	기본소득 아카데미 운영	기본소득 정책	○	2020	20	시민 교육과정 운영
13	전 국민 기본소득 로드맵 제시	기본소득 정책	○	2021	5	전 국민 연 100만 원 목표
14	기본소득 정책실험 확대	기본소득 정책	○	2020	30	다양한 정책실험
15	기본소득 정책연구원 설립	기본소득 정책	○	2021	25	전문 연구기관 설립
16	수술실 CCTV 의무화 추진 (경기도의료원)	공공의료 및 보건정책	전국 최초	2018	50	환자 동의 시 촬영
17	수술실 CCTV 민간병원 확대	공공의료 및 보건정책	전국 최초	2019	200	민간병원 확대 추진
18	수술실 CCTV 설치비 지원사업	공공의료 및 보건정책	전국 최초	2020	100	설치비 50% 지원
19	코로나19 선제적 대응체계 구축	공공의료 및 보건정책	○	2020	2000	K-방역 모델 구축
20	경기도의료원 의료진 확충	공공의료 및 보건정책	○	2019	500	전문의 확충
21	공공보건의료 강화 정책	공공의료 및 보건정책	○	2018	800	공공성 강화
22	감염병전담병원 지정 운영	공공의료 및 보건정책	○	2020	300	감염병 전담 운영
23	도민 건강검진 확대	공공의료 및 보건정책	○	2019	200	무료 건강검진 확대
24	정신건강복지센터 운영 강화	공공의료 및 보건정책	○	2019	150	정신건강 서비스 강화
25	응급의료체계 개선	공공의료 및 보건정책	○	2019	300	응급실 운영 개선

	정책명	분야	전국 최초 여부	시행 년도	예산 규모 (억원)	비고
26	의료취약지역 의료서비스 확대	공공의료 및 보건정책	○	2019	250	의료접근성 향상
27	건강보험 보장성 강화 지원	공공의료 및 보건정책	○	2019	400	본인부담금 경감
28	계곡 불법 시설물 전면 철거	공정경제 및 시장질서	전국 최초	2019	500	1만 1693개 철거
29	청정계곡 도민환원 사업	공정경제 및 시장질서	전국 최초	2019	300	깨끗한 계곡 조성
30	하천계곡 불법영업 정비	공정경제 및 시장질서	전국 최초	2020	200	불법영업 단속
31	공공배달앱 '배달특급' 개발 운영	공정경제 및 시장질서	전국 최초	2020	150	중개수수료 2%로 절감
32	배달앱 독과점 견제 정책	공정경제 및 시장질서	○	2020	795	독과점 방지
33	체납관리단 운영	공정경제 및 시장질서	○	2019	200	2,303명 세금 체납자 관리
34	공공건설원가 공개	공정경제 및 시장질서	○	2019	100	입찰 투명성 확보
35	하도급 부조리 근절	공정경제 및 시장질서	○	2019	80	하도급 임금 보장
36	적정임금제 도입	공정경제 및 시장질서	○	2019	50	생활임금 도입
37	공정거래 감독권 이양 요구	공정경제 및 시장질서	○	2020	30	공정거래 권한 확대
38	기본주택 정책 설계 및 법안 발의	주택 및 부동산정책	○	2020	1000	30년 장기임대 주택
39	부동산백지신탁제 도입 추진	주택 및 부동산정책	○	2020	10	고위공직자 다주택 금지
40	고위공직자 다주택 처분 권고	주택 및 부동산정책	○	2020	5	332명 중 94명 다주택
41	부동산 실태조사 실시	주택 및 부동산정책	○	2020	20	부동산 실태 파악
42	공공택지 확대 추진	주택 및 부동산정책	○	2019	500	공공택지 확보
43	토지거래허가구역 지정 확대	주택 및 부동산정책	○	2019	100	투기지역 확대
44	부동산투기 근절 대책	주택 및 부동산정책	○	2019	200	부동산 투기 차단
45	국토보유세 도입 제안	주택 및 부동산정책	○	2020	50	보유세 인상 제안
46	공공기관 청소 노동자 휴게공간 마련	노동 및 사회정책	○	2018	100	휴게공간 의무 설치
47	아파트 경비원 휴게시설 의무화	노동 및 사회정책	○	2019	80	경비원 복지시설
48	택배기사 쉼터 조성	노동 및 사회정책	○	2019	50	이동노동자 쉼터
49	이동노동자 안전망 구축	노동 및 사회정책	○	2019	200	노동자 안전망
50	플랫폼 노동자 권익보호	노동 및 사회정책	○	2019	150	플랫폼 노동자 보호

51 ~ 75

	정책명	분야	전국 최초 여부	시행 년도	예산 규모 (억원)	비고
51	근로감독권 공유 추진	노동 및 사회정책	○	2019	30	근로감독 권한 확대
52	직장 내 괴롭힘 방지 정책	노동 및 사회정책	○	2019	40	직장 괴롭힘 방지
53	노동자 권익보호 강화	노동 및 사회정책	○	2019	100	노동권익 보호
54	사회적경제 기업 지원	노동 및 사회정책	○	2019	200	사회적기업 육성
55	무상교복 도내 전면 확대	교육 및 청소년정책	○	2018	150	중고생 교복비 지원
56	경기도 청소년 교통비 지원	교육 및 청소년정책	○	2019	500	청소년 교통비 월 6만 원
57	교육복지 확대 정책	교육 및 청소년정책	○	2019	300	교육 격차 해소
58	진로직업체험 프로그램 운영	교육 및 청소년정책	○	2019	100	진로 체험 활동
59	청소년 안전망 구축	교육 및 청소년정책	○	2019	150	청소년 보호 체계
60	학생 인권보장 정책	교육 및 청소년정책	○	2019	80	학생 권리 보장
61	교육시설 안전관리 강화	교육 및 청소년정책	○	2019	200	학교 안전점검
62	평생교육 활성화 지원	교육 및 청소년정책	○	2019	250	평생학습 지원
63	그린뉴딜 경기도 버전 추진	환경 및 기후대응	○	2020	2000	5조 3,842억 투입
64	탄소중립 선언	환경 및 기후대응	○	2021	100	2050 탄소중립
65	친환경 에너지 전환 정책	환경 및 기후대응	○	2020	1500	신재생에너지 확대
66	미세먼지 저감 정책	환경 및 기후대응	○	2019	800	미세먼지 30% 저감
67	환경보전 및 생태복원	환경 및 기후대응	○	2019	600	생태계 복원 사업
68	재생에너지 확대 정책	환경 및 기후대응	○	2020	1000	태양광 발전 확대
69	기후변화 대응 체계 구축	환경 및 기후대응	○	2020	500	기후변화 적응
70	경기도형 디지털뉴딜 추진	디지털뉴딜 및 혁신정책	○	2020	1000	디지털 전환 가속화
71	스마트시티 구축사업	디지털뉴딜 및 혁신정책	○	2019	800	스마트 도시 구축
72	디지털 플랫폼 정부 구현	디지털뉴딜 및 혁신정책	○	2020	600	디지털 행정서비스
73	인공지능 활용 행정서비스	디지털뉴딜 및 혁신정책	○	2020	400	AI 기반 서비스
74	빅데이터 기반 정책 결정	디지털뉴딜 및 혁신정책	○	2020	300	빅데이터 활용
75	디지털 격차 해소 정책	디지털뉴딜 및 혁신정책	○	2019	200	디지털 포용 정책

	정책명	분야	전국 최초 여부	시행 년도	예산 규모 (억원)	비고
76	일산대교 무료화 추진	교통 및 인프라	○	2019	300	통행료 무료화
77	GTX 조기 추진 요구	교통 및 인프라	○	2020	1000	조기 완공 요구
78	대중교통 요금 체계 개선	교통 및 인프라	○	2019	200	대중교통 개선
79	교통약자 이동권 확대	교통 및 인프라	○	2019	150	교통약자 지원
80	도로 및 교량 안전관리 강화	교통 및 인프라	○	2019	500	교량 안전점검
81	스마트교통체계 구축	교통 및 인프라	○	2019	300	교통체계 스마트화
82	경기도 문화정책 종합계획	문화 및 관광	○	2018	200	문화정책 수립
83	지역문화 활성화 지원	문화 및 관광	○	2019	300	지역문화 지원
84	관광산업 활성화 정책	문화 및 관광	○	2019	400	관광 활성화
85	문화시설 접근성 개선	문화 및 관광	○	2019	150	문화시설 확충
86	전통문화 보존 및 계승	문화 및 관광	○	2019	100	전통문화 계승
87	농업인 기본소득 시범 사업	농업 및 농촌정책	전국 최초	2020	200	농업인 기본소득
88	친환경 농업 확대 지원	농업 및 농촌정책	○	2019	500	친환경농업 지원
89	농산물 직불제 확대	농업 및 농촌정책	○	2019	300	농업직불제 확대
90	농촌지역 활성화 정책	농업 및 농촌정책	○	2019	250	농촌 활성화
91	농업기술혁신 지원	농업 및 농촌정책	○	2019	150	농업기술 개발
92	재난안전대책 종합계획	안전 및 방재	○	2018	800	재난 종합대책
93	안전관리 체계 개편	안전 및 방재	○	2019	400	안전관리 개편
94	재난대응 역량 강화	안전 및 방재	○	2019	600	재난대응 강화
95	시민안전 보험 확대	안전 및 방재	○	2019	200	시민안전보험
96	안전교육 프로그램 운영련	안전 및 방재	○	2019	100	안전교육 실시
97	어린이 건강과일 공급사업	복지 및 돌봄	○	2019	300	과일 무상공급
98	산후조리비 지원 확대	복지 및 돌봄	○	2019	200	산후조리 지원
99	고령자 돌봄서비스 강화	복지 및 돌봄	○	2019	400	돌봄서비스 확대
100	장애인 권익증진 정책	복지 및 돌봄	○	2019	250	장애인 지원

당대표 시절 대표 정책 20

01. **헌정사 최초 야당 과반 의석 획득**
    (2024 총선 175석 확보)

02. **당원 중심 정당 시스템 구축**
    (당원존, 당원청원제, 블루웨이브 커뮤니티 등)

03. **공천 및 인재 영입 개혁**
    (국민참여경선, 청년대변인 공모, 27회 인재 영입)

04. **민생·복지·현장형 정책 추진**
    (현장 방문, 취약계층 정책, 사회안전망 강화)

05. **국정 위기 극복 및 민주주의 수호**
    (계엄 대응 특위, 대통령 탄핵소추 등)

06. **정책·의사결정 디지털화 및 소통 강화**
    (AI정당화, 모두의질문Q, 정책디베이트)

07. **민주적 거버넌스·검찰개혁 등 사회 의제 제기**
    (직접민주주의, 정치탄압 대응)

08. **공정·성장·실현**
    (경제 대전환, 불평등 완화)

09. **경제적 기본권 보장 강화**
    (기본소득, 기본대출 등)

10. **보편복지 국가 토대 구축**
    (교육·의료·돌봄 확대)

11. 여성이 불안하지 않는 사회 조성
   (안전·차별 해소 정책)

12. 주택 311만 호 공급 계획

13. 지역화폐 발행 확대 및 골목 경제 활성화

14. 중소기업 및 창업기업 지원 · 육성

15. 신산업 육성
   (AI, K-컬처, 방위산업 등)

16. 검찰 · 감사원 개혁
   (사정기관 권한 남용 방지)

17. 재난 · 위기 대응

18. 기본시리즈 정책
   (기본소득, 기본주택, 기본대출)

19. 디지털 뉴딜
   (공공의료·데이터 인프라)

20. 소상공인 및 영세자영업자 지원
   (금융·세제 지원 확대)